매일 위대해지는 글쓰기

씀

저자 최승한

경인교육대학교 국어교육과를 졸업하고, 서울교육대학교에서 국어교육 석사 학위를 받았습니다. 서울 창림초등학교와 운현초등학교 교사로 있었으며, 서울교육대학교 초등국어교육연구소와 한국교과서연구재단의 연구원을 지냈습니다. 2009 개정 교육과정과 2015 개정 교육과정 초등학교 국어 교과서를 집필하였고, 2022 개정 교육과정 국어 교과서 집필에 참여했습니다. 또, 유치원, 초등학교, 도서관에서 학부모를 대상으로 한글 및 독서·논술 교육 강사로 활동하고 있습니다.

지은 책으로 『미리 보고 개념 잡는 초등 독서감상문 쓰기』, 『안중근: 이야기 교과서 인물』, 『한글을 깨치는 비법 한깨비 한글 공부 1~5』, 『초등 글쓰기 무작정 따라하기: 첫걸음 편』, 『책 읽어주기의 힘』 등이 있습니다.

- 블로그: https://blog.naver.com/tomatovirus1
- 이메일: tomatovirus@hanmail.net

매일 위대해지는 글쓰기
씀 초등 5단계

초판 1쇄 인쇄 2024년 4월 19일
초판 1쇄 발행 2024년 4월 30일

지은이 최승한
발행인 박효상 | **편집장** 김현 | **기획·편집** 장경희, 이한경
디자인 임정현 | **마케팅** 이태호, 이전희 | **관리** 김태옥
교정·교열 진행 박나리 | **내지 디자인** 페이지트리 | **삽화** 권석란

종이 월드페이퍼 | **인쇄·제본** 예림인쇄·바인딩 | **출판등록** 제10-1835호
펴낸 곳 사람in | **주소** 04034 서울시 마포구 양화로11길 14-10(서교동) 3F
전화 02) 338-3555(代) **팩스** 02) 338-3545 | **E-mail** saramin@netsgo.com
Website www.saramin.com

책값은 뒤표지에 있습니다.
파본은 바꾸어 드립니다.
ⓒ 최승한 2024

ISBN 979-11-7101-061-5 64710
     979-11-7101-010-3 (set)

어린이제품안전특별법에 의한 제품표시	
제조자명 사람in	**전화번호** 02-338-3555
제조국명 대한민국	**주 소** 서울시 마포구 양화로
사용연령 5세 이상 어린이 제품	11길 14-10 3층

우아한 지적만보, 기민한 실사구시 사람in

매일 위대해지는 글쓰기

초등 **5** 단계

쓰
ㅁ

최승한 지음

사람in

머리말

'쓰기'의 중요성이 나날이 커지고 있습니다. 예전에는 객관식 정답만 잘 맞히면 좋은 성적을 받을 수 있었지만, 이제는 쓰기를 잘해야 합니다. 주관식 문제뿐 아니라 수행평가 비중이 높아지면서 수학에서도 문제 해결 과정을 글로 표현할 수 있어야 합니다. 마찬가지로 과학도 단순히 무언가를 아는 것보다 그 적용을 중시합니다. 실험만 하는 것이 아니라 실험한 결과를 글로 쓸 수 있어야 한다는 말입니다.

수행평가뿐만이 아닙니다. 논술은 그 의미를 재조명받고, 대입에서도 점차 중요성이 커질 것으로 예상됩니다. 그리고 더 중요한 것이 있습니다. 학교나 사회는 학생이나 직원을 선발할 때 그가 오랫동안 꾸준히 한 분야에서 성과를 얻기 위해 어떤 노력을 했는지 알아보기 위해 '학교생활기록부(교과 학습 발달 상황, 창의적 체험활동 상황, 행동 특성 및 종합 의견)' 자체를 중요하게 여깁니다. 학교생활기록부에는 학생이 '무엇을 어떻게' 노력했는지 구체적인 표현이 들어가야 해서 교사는 그 학생이 무언가를 이루기 위해 노력하는 과정을 관찰·평가할 수 있는 자료가 필요합니다. 그것이 바로 학생의 '쓰기'입니다. 학생이 탐구하고 있다는 그 자체가 중요한 게 아니라 '어떻게' 했는지 볼 수 있어야만 선생님도 학교생활기록부를 충실히 기록할 수 있기 때문입니다.

> "교과 내용을 실생활의 관심사와 연계하여 탐구하라, 심화한 교과 탐구활동을 하라, 진로에 관련된 경험을 꾸준히 쌓으라, 새로운 탐구 주제를 찾아 연구를 진행하라, 어떤 대상에 호기심을 가지고, 깊고 꾸준히 연구하라."

학교생활기록부에 반영하는 내용 모두가 '수준 높은 쓰기 능력'을 필요로 합니다. 학생은 글을 완성하는 능력을 갖춰야만 자신이 이룩한 성과를 타인에게 설명할 수 있습니다. 이를 위해서 말하기도 중요하겠지만 이보다 더 연습이 필요한 기능이 '쓰기'라는 것은 누구도 부정할 수 없습니다. 핵심어를 토대로 자유자재로 글을 쓸 수 있다면 학교나 사회에서 필요한 인재가 될 수 있습니다. 따라서 이제는 매일 꾸준히 글을 쓰는 연습을 해야 하는 시대가 된 것입니다.

　쓰기의 기초를 갖춰야 할 초등학교부터 쓰기를 어려워하는 학생이 많습니다. 미디어의 영향으로 책을 읽고, 쓰는 시간이 줄어들었기 때문입니다. 하지만 앞에서 강조한 시대의 요구에 따라 아이들은 쓰기 연습을 단계적으로 매일 꾸준히 반복적으로 해야 합니다. 〈매일 위대해지는 글쓰기 쓺〉은 1, 2, 3단계에 이어 한층 심화한 4, 5, 6단계를 준비했습니다. 6단계까지 꾸준히 연습하다 보면 아이들은 쓰기의 기초를 체계적으로 습득하게 되고, 결국 쓰기 활동을 즐길 기회를 얻을 것입니다. 매일 한두 쪽의 분량을 정해서 반복적으로 쓰는 시간을 가지며 2~3년을 꾸준히 노력한다면 '쓰기'라는 커다란 과제를 전략적으로 해결할 수 있으리라 생각합니다.

　이 책을 통해 학생들이 쓰기에 재미를 느끼며 독창적인 자신만의 글을 쓸 수 있는 때가 좀 더 빨리 오기를 바랍니다.

최승한

차례

머리말   4
구성 및 특징   8
학습 체크   9

1단원 재미있게 쓰기

01 여러 가지 낱말의 관계 알기 ①   12
02 여러 가지 낱말의 관계 알기 ②   14
03 문장의 흐름에 맞게 이어 쓰기   18
04 릴레이 글쓰기   22
05 오감을 활용한 표현을 넣어 문장 쓰기   26
06 오감을 활용한 표현을 넣어 글쓰기 ①   28
07 오감을 활용한 표현을 넣어 글쓰기 ②   30

2단원 바르게 문장이나 문단 쓰기

01 문단 쓰기   34
02 문단 점검하기   40
03 여러 가지 주제로 문단 구성하기 – ① 광복절   44
04 여러 가지 주제로 문단 구성하기 – ② 쓰고 싶은 이야기   46
05 여러 가지 주제로 문단 구성하기 – ③ 아기   48
06 여러 가지 주제로 문단 구성하기 – ④ 인터넷   50
07 여러 가지 주제로 문단 구성하기 – ⑤ 산과 염기   52
08 주어, 서술어 간의 호응 알기   54
09 꾸며 주는 말과 서술어의 호응 알기   56

3단원 국어사전 활용하기

01 상황에 따라 여러 가지로 해석되는 낱말 알기   62
    – 다의어와 동형어
02 낱말의 뜻을 이해하고 관련 글쓰기   68
    – 의미 관계 파악하기
03 사전을 활용한 주제별 글쓰기 – ① 매운맛   72
04 사전을 활용한 주제별 글쓰기 – ② 태권도   74
05 사전을 활용한 주제별 글쓰기 – ③ 5월   76

4단원 원고지 쓰기

- 01 원고지 쓰기 ① ... 82
- 02 원고지 쓰기 – ② 문장 부호 쓰기 ... 84
- 03 원고지 쓰기 – ③ 숫자와 영어 쓰기 ... 86
- 04 교정 부호 – ① 교정 부호 알기 ... 88
- 05 교정 부호 – ② 원고지에 교정 부호 연습하기 ... 90

5단원 장르 및 목적에 따라 글쓰기 (1)

- 01 일기 쓰기 ... 96
- 02 편지 쓰기 ... 100
- 03 생활문 쓰기 ... 104
- 04 기행문 쓰기 ... 108
- 05 경험을 이야기로 표현하기 ... 112

6단원 장르 및 목적에 따라 글쓰기 (2)

- 01 설명하는 글 – ① 목적·대상에 따라 알맞은 틀 사용하여 쓰기 ... 118
- 02 설명하는 글 – ② 목적·대상에 따라 알맞은 틀 사용하여 쓰기 ... 122
- 03 설명하는 글 – ③ 육하원칙에 맞춰 기사문 쓰기 ... 126
- 04 설명하는 글 – ④ 체험 학습 계획표 작성하기 ... 130
- 05 설득하는 글 – ① 적절한 근거 적기 ... 134
- 06 설득하는 글 – ② 짜임에 맞는 글쓰기 ... 138
- 07 설득하는 글 – ③ 찬성이나 반대하는 의견 제시하기 ... 144

7단원 여러 가지 글 익히기

- 01 브레인스토밍 ... 150
- 02 마인드맵 ... 152
- 03 개요 짜기 ... 154
- 04 글머리 쓰기 ... 156
- 05 독서 감상문 쓰기 ... 158
- 06 교과서 글쓰기 – ① 선대칭도형과 점대칭도형(수학) ... 164
- 07 교과서 글쓰기 – ② 날씨와 생활(과학) ... 168

답안 가이드 ... 171

구성 및 특징

이 책은 이렇게

〈매일 위대해지는 글쓰기 쏨〉을 통해 글쓰기의 기초를 차근차근 알고 단계별로 제대로 된 여러 종류의 글쓰기를 해 볼 수 있습니다.

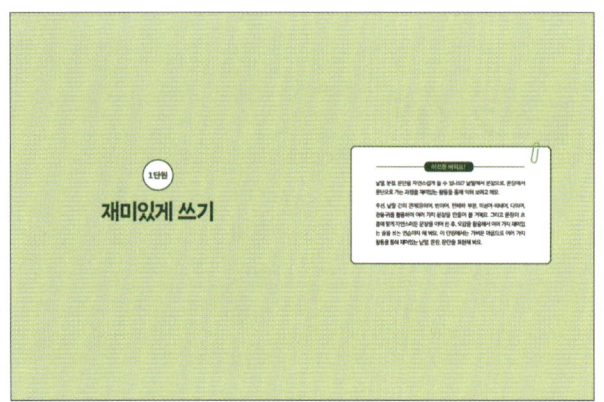

이것을 배워요!

해당 단원에서 어떤 내용을 배우는지 간단히 정리합니다.

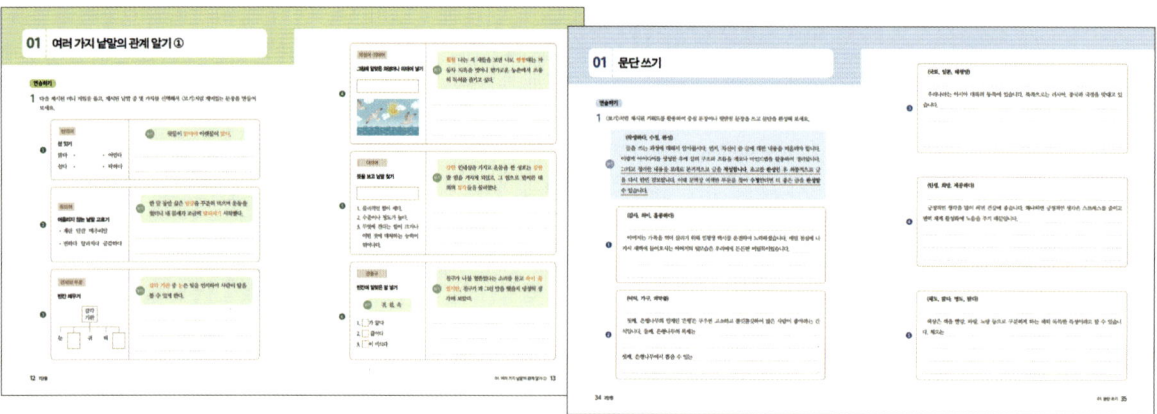

본격 글쓰기 연습

낱말부터 문장과 문단까지 다양한 종류의 글쓰기를 '연습하기'와 '직접 써 보기' 코너를 통해 차근차근 연습합니다.

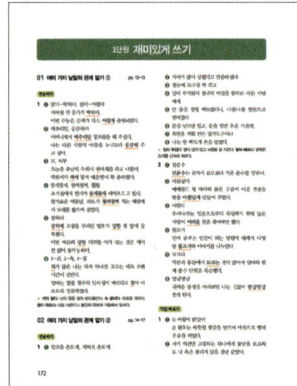 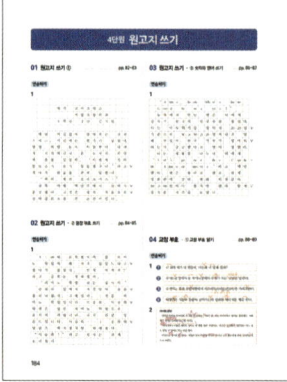

답안 가이드

문제의 정답과 예시 답안을 제공합니다. 부모님이 지도할 때 참고할 내용도 함께 실었습니다.

학습 체크

오늘은 여기까지

각각의 내용을 언제 연습했는지 표시하면서 한 권을 제대로 끝내 보세요!

1단원

유닛	날짜	확인
01	___월 ___일	
02	___월 ___일	
03	___월 ___일	
04	___월 ___일	
05	___월 ___일	
06	___월 ___일	
07	___월 ___일	

2단원

유닛	날짜	확인
01	___월 ___일	
02	___월 ___일	
03	___월 ___일	
04	___월 ___일	
05	___월 ___일	
06	___월 ___일	
07	___월 ___일	
08	___월 ___일	
09	___월 ___일	

3단원

유닛	날짜	확인
01	___월 ___일	
02	___월 ___일	
03	___월 ___일	
04	___월 ___일	
05	___월 ___일	

4단원

유닛	날짜	확인
01	___월 ___일	
02	___월 ___일	
03	___월 ___일	
04	___월 ___일	
05	___월 ___일	

5단원

유닛	날짜	확인
01	___월 ___일	
02	___월 ___일	
03	___월 ___일	
04	___월 ___일	
05	___월 ___일	

6단원

유닛	날짜	확인
01	___월 ___일	
02	___월 ___일	
03	___월 ___일	
04	___월 ___일	
05	___월 ___일	
06	___월 ___일	
07	___월 ___일	

7단원

유닛	날짜	확인
01	___월 ___일	
02	___월 ___일	
03	___월 ___일	
04	___월 ___일	
05	___월 ___일	
06	___월 ___일	
07	___월 ___일	

1단원

재미있게 쓰기

이것을 배워요!

낱말, 문장, 문단을 자연스럽게 쓸 수 있나요? 낱말에서 문장으로, 문장에서 문단으로 가는 과정을 재미있는 활동을 통해 익혀 보려고 해요.

우선, 낱말 간의 관계(유의어, 반의어, 전체와 부분, 의성어·의태어, 다의어, 관용구)를 활용하여 여러 가지 문장을 만들어 볼 거예요. 그리고 문장의 흐름에 맞게 자연스러운 문장을 이어 쓴 후, 오감을 활용해서 여러 가지 재미있는 글을 쓰는 연습까지 해 봐요. 이 단원에서는 가벼운 마음으로 여러 가지 활동을 통해 재미있는 낱말, 문장, 문단을 표현해 봐요.

01 여러 가지 낱말의 관계 알기 ①

연습하기

1 다음 제시된 미니 게임을 풀고, 제시된 낱말 중 몇 가지를 선택해서 〈보기〉처럼 재미있는 문장을 만들어 보세요.

❶
반의어
선 잇기
- 맑다 • • 어렵다
- 쉽다 • • 탁하다

〈보기〉 윗물이 **맑아야** 아랫물이 **맑다**.

❷
유의어
어울리지 않는 낱말 고르기
- 계란 달걀 메추리알
- 변하다 달라지다 공감하다

〈보기〉 한 달 동안 삶은 **달걀**을 꾸준히 먹으며 운동을 했더니 내 몸매가 조금씩 **달라지기** 시작했다.

❸
전체와 부분
빈칸 채우기

감각 기관 — 눈 [ ] 귀 혀 [ ]

〈보기〉 **감각 기관** 중 **눈**은 빛을 인지하여 사람이 앞을 볼 수 있게 한다.

❹ 의성어·의태어

그림에 알맞은 의성어나 의태어 넣기

[ ]

보기) 훨훨 나는 저 새들을 보면 나도 빵빵대는 자동차 지옥을 벗어나 한가로운 농촌에서 조용히 독서를 즐기고 싶다.

---

❺ 다의어

뜻을 보고 낱말 찾기

[ ]

1. 물리적인 힘이 세다.
2. 수준이나 정도가 높다.
3. 무엇에 견디는 힘이 크거나 어떤 것에 대처하는 능력이 뛰어나다.

보기) 강한 인내심을 가지고 운동을 한 성호는 강한 팔 힘을 가지게 되었고, 그 힘으로 팔씨름 대회의 강자들을 물리쳤다.

---

❻ 관용구

빈칸에 알맞은 말 넣기

보기) 귀, 침, 속

1. [ ]가 얇다
2. [ ] 끓이다
3. [ ]이 마르다

보기) 친구가 나를 헐뜯었다는 소리를 듣고 속이 끓었지만, 친구가 왜 그런 말을 했을지 냉정히 생각해 보았다.

01. 여러 가지 낱말의 관계 알기 ① 13

02 여러 가지 낱말의 관계 알기 ②

연습하기

1 〈보기〉처럼 주어진 낱말을 모두 활용해 한 문장을 완성해 보세요.

> **보기**
> **반의어** 춥다, 덥다
> ➡ 뜨거운 태양이 오래 뜨는 여름은 **덥고**, 달빛이 길게 비추는 겨울은 **춥다**.

❶ **전체와 부분** 온도계-알코올 온도계, 적외선 온도계

➡ _____는 액체나 기체의 온도를 잴 때 사용하고, _____는 고체 표면의 온도를 잴 때 사용한다.

❷ **유의어** 이, 치아

➡ **이**가 시려서 병원에 갔더니 의사 선생님께서 _____
_____.

❸ **다의어** 손 1. 사람의 팔목 끝에 달린 부분
　　　　　　2. 일을 하는 사람

➡ 부족한 **손**을 메꾸기 위해 철수는 _____ 열심히 일했다.

관용구 입이 무겁다

❹ ➡ 율이는 _____ 말하지 않는다.

의성어, 의태어 첨벙, 나풀나풀

❺ ➡ 경현이가 연못에 _____ 은행잎 여러 장이 _____ .

반의어 열다, 닫다

❻ ➡ _____
지원이는 결국 문을 열고 두꺼운 이불을 덮고 잤다.

전체와 부분 연필-흑연

❼ ➡ 연필은 둥글거나 육각형으로 된 나무 조각의 중심에 _____ _____ .

관용구 발이 빠르다

❽ ➡ 발표한 사람에게 사탕을 준다는 선생님의 말씀을 듣고, _____ _____ .

2 밑줄 친 낱말과 '제시된 관계'에 어울리는 낱말을 적고, 그것을 이용해서 〈보기〉처럼 재미있는 문장을 만들어 보세요.

> 보기
> 지원이는 아픈 할머니의 모습을 보고 마음이 <u>슬펐다</u>. → 유의어: **우울하다**
> → **우울한** 날씨가 계속되자 형석이는 좋아하던 피자도 마다했다.

❶ 철수는 수학 <u>분수</u> 단원에서 통분이 이해가 되지 않았다. → 부분:

→ _____

❷ 공개 수업 날, 엄마가 <u>예쁘게</u> 화장을 하고 교실로 들어오셨다. → 유의어:

→ _____

❸ 신라는 당나라의 도움을 빌려서 <u>쉽게</u> 백제를 멸망시킬 수 있었다. → 반의어:

→ _____

❹ 얼마 전에 아빠와 함께 낚시를 가서 <u>광어, 우럭, 노래미, 볼락</u>을 잡았다. → 전체:

→ _____

❺ 그는 <u>아는</u> 것이 많은 만큼 일을 할 때 실수가 적다. → 반의어:

→ _____

❻ 아이가 엄마를 바라보며 <u>조용히</u> 웃는다. → 의성어나 의태어:

→ _____

> **하나 더!**
> '아이가 조용히 웃고 있는 모습'을 의성어나 의태어로 표현해 보세요.

직접 써 보기

1 제시된 다의어와 관용구를 활용해서 〈보기〉처럼 문장을 만들어 보세요.

>
> **(다의어) 먹다**
> 1) 음식 따위를 입을 통하여 배 속에 들여보내다.
> 2) 어떤 마음이나 감정을 품다.
> 3) 일정한 나이에 이르거나 나이를 더하다.
>
> ➡ 1) 승희는 점심으로 스파게티와 돈가스, 빵을 <u>먹었</u>다.
>   3) 열두 살을 <u>먹고</u>, 5학년이 된 현우는 교실에서 새 친구들을 만났다.

❶
(다의어) 아침
1) 날이 새면서 오전 반나절쯤까지의 동안
2) 끼니로 먹는 음식

➡ 1) ....
....

2) ....
....

❷
(관용구) 속이 풀리다

➡ ....
....
....

❸
(관용구) 어금니를 악물다

➡ ....
....
....

02. 여러 가지 낱말의 관계 알기 ② **17**

03 문장의 흐름에 맞게 이어 쓰기

연습하기

1 주어진 낱말을 모두 활용해 제시된 문장에 이어지는 문장을 완성해 보세요.

❶

소중하다, 반성하다, 일기

성공적인 삶을 살기 위해서는 여러 가지 방법이 있습니다. 그 한 가지 방법은 _____
_____
_____ .

잠깐만!! '소중하다', '반성하다' 등은 낱말의 모양을 변형하여 문장에 활용할 수 있어요.

❷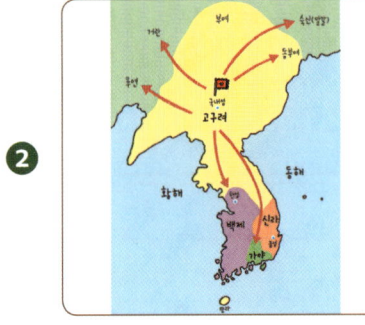

전성기, 북쪽, 남쪽

광개토대왕은 고국양왕의 뒤를 이어 고구려의 태왕이 되었습니다. _____
_____

* 전성기: 형세나 세력 따위가 한창 왕성한 시기

❸

화성, 목성, 멀다, 생명체

태양에 가장 가까운 행성은 수성으로 태양계에 속한 행성 중 가장 작습니다. _____
_____
_____

18 1단원

④

오늘 미술 시간에 준비물을 빌려줘서 고마웠어. 네가 빌려준 준비물 덕분에 좋은 작품을 만들 수 있었거든.

구체적, 과정, 칭찬하다

다른 사람을 평가하거나 결과만 칭찬하는 말하기는 피해야 합니다.

⑤ 〈수학 시험〉

영수	지혜	영웅
85	90	95

(85+90+95)÷3=90
평균: 90

자료의 값, 자료의 수, 구하다

평균이란 '여러 사물의 질이나 양 따위를 통일적으로 고르게 한 것'을 말합니다.

⑥

수증기, 응결하다, 맺히다

아침에 일어나 보니 풀잎에 이슬이 매달려 있습니다.

7

가락, 조화롭다, 연주하다

기악 합주를 할 때는 노래의 셈여림을 살려서 함께 연주합니다.

8

대칭, 접다, 안정감

조형 원리 중 '통일'이란 모양이나 색이 반복적으로 나타나는 것을 말합니다.

통일

9

피부, 속옷, 청결히

남녀는 성장하면서 겨드랑이와 생식기 주변에 털이 나고, 몸에 땀과 기름기가 많아집니다.

⑩

해결하다, 알다, 의사 표현

요즘 외모나 신체를 가지고 놀리거나 음란한 영상을 친구들과 함께 돌려보는 등의 성적 문제가 발생하고 있습니다.

⑪

노래 부르다, 춤을 추다, 연주하다

우리는 여러 가지 감정을 음악적 활동으로 표현할 수 있습니다.

⑫

물의 양, 물의 온도, 용해

두 개의 비커에 물의 온도가 서로 다른 똑같은 양의 물을 채웁니다. 그 비커에 붕산을 조금씩 넣어 봅니다.

차가운 물   따뜻한 물

04 릴레이 글쓰기

직접 써 보기 [1~3] 〈보기〉처럼 제시된 조건을 만족시키며 문장을 이어 써서 '릴레이 글'을 써 보세요.

1. 운동회가 시작됐다.

조건: 빗대어 쓰기 / **사용 낱말:** 만국기, 소리치다, 뜨겁다

2. 만국기가 펄럭이고 아이들이 소리치는 운동장은 마치 뜨거운 용광로 같았다.

조건: 비교·대조하여 쓰기 / **사용 낱말:** 코로나, 심심하다, 즐겁다

3. 코로나 때문에 운동회를 하지 못한 해는 심심하고 지루했지만 코로나에서 해방된 이번 연도는 신나고 즐겁게 느껴진다.

조건: 예를 들어 쓰기 / **사용 낱말:** 경기, 진행하다, 열리다

4. 운동회에서 여러 가지 재미있는 경기가 열렸다. 예를 들면, 청백 계주, 콩 주머니 넣기, 줄다리기, 기마전 등이 진행되었다.

5. 그중에서도 청백 계주가 가장 긴장되고 흥분되는 경기였다. 왜냐하면 내가 출전했기 때문이다.

조건: 다음에 일어난 일 쓰기 / **사용 낱말:** 간이 콩알만 해지다, 바통, 경험

6. 백팀의 마지막 주자로 뛴 나는 바통을 이어받을 때 간이 콩알만 해졌다. 청팀의 주자가 육상 선수여서 간발의 차로 졌지만 그래도 즐거운 경험이었다.

보기

1

❶ 마법사가 우리 집에 나타났다.

조건: 원인과 결과로 쓰기 / **사용 낱말:** 순간 이동, 나타나다, 망토

❷

조건: 장소를 '우주'로 옮기기 / **사용 낱말:** 우주, 데려가다

❸

조건: 사실 쓰기 / **사용 낱말:** 파랗다, 아름답다, 소원

❹

조건: 원인과 결과로 쓰기 / **사용 낱말:** 그래서, 소원, 순식간에

❺

조건: 문제와 해결로 쓰기 / **사용 낱말:** 별로, 뽕, 꿈

❻

2

❶ 라면에 대해 설명해 보겠습니다.

⬇

조건: 예를 들어 쓰기 / **사용 낱말**: 종류, 좋아하다, 있다

❷

⬇

조건: 시간을 '과거'로 옮기기 / **사용 낱말**: 출시하다, 맛, 팔리다

❸

⬇

조건: 전체와 부분으로 쓰기 / **사용 낱말**: 구성하다, 끓이다

❹

⬇

조건: 비교·대조하여 쓰기 / **사용 낱말**: 짜파게티, 거멓다

❺

⬇

조건: 내용이 비슷하거나 반대되는 내용 쓰기 / **사용 낱말**: 특이하다, 원조

❻

3

❶ 내가 좋아하는 사람(것)이 눈앞에 있다.

↓

조건: 사실 쓰기, 의성어 넣기

❷

↓

조건: 반의어 넣기

❸

↓

조건: 관용구 넣기

❹

↓

조건: 의견 쓰기, 유의어 넣기

❺

↓

조건: 자유롭게 쓰기

❻

잠깐만!! 글쓰기에 사용할 반의어가 '열다'와 '닫다'라면 두 낱말 모두 문장에 들어가야 합니다. 또, '아침'에 대한 유의어로 '오전'을 쓴다면 두 낱말 모두 문장에 들어가야 합니다.

05 오감을 활용한 표현을 넣어 문장 쓰기

연습하기

1 〈보기〉처럼 어떤 대상을 표현한 글인지 쓰고, 밑줄 친 부분에 그 대상을 오감으로 표현하는 문장을 써 보세요.

보기
이것은 공기의 무게로 생기는 누르는 힘을 말한다. 공기가 차가우면 이것이 무거워지고, 공기가 따뜻하면 이것이 가벼워진다. 또, 이것의 차 때문에 공기가 이동하는 것을 우리는 '바람이 분다'라고 표현한다. **시각** <u>주변에 이것의 차가 크면 휘이잉 바람이 세게 불고, 파도가 사정없이 높게 치거나 나뭇가지가 흔들려 부러지기도 한다.</u>

대상: 기압

❶
이것은 돼지고기의 한 부위로 살코기와 비계가 적절하게 섞여 있는 것이 일품이다. 이것을 구우면 지글지글 기름이 나오고, 그 밑에 김치를 깔아 두면 나중에 기름을 흡수해서 별미가 된다. **미각** <u>_____</u> <u>_____</u> 시간 가는 줄 모르고 이것을 먹다 보면 방안에 기름이 튀고, 고기 냄새가 진동을 하므로 보통 밖에 나가서 사 먹는 것을 추천한다.

대상:

❷
이 악기는 서양식 관악기로 초등학교에서 많이 쓰는 악기 중 하나에 속한다. 손가락으로 악기에 나 있는 구멍을 막고 숨을 내쉬며 부는 악기로, 기본적인 연주 방법만 안다면 누구나 쉽게 연주할 수 있다. **청각** <u>_____</u> <u>_____</u>

대상:

❸ 이것은 대화형 AI로 사람과 말하듯이 대화할 수 있는 프로그램이다. 전문적인 지식이 필요한 질문도 일반인 수준을 뛰어넘는 대답이 가능하며 하나의 대답만 내놓는 것이 아니라 수만 가지 대답이 가능하다. **청각**

하지만 분명한 한계도 존재하는데, 예를 들면 사람이 스스로 과제를 해결하는 것이 아니라 이것의 답변을 그대로 베끼는 등 윤리적인 문제가 발생할 수 있다.

대상:

❹ 이것을 마시면 청량한 느낌이 든다. 따끔거리지만 화한 느낌이 이것을 자꾸 마시게 만든다. 이것을 컵에 따르면 수많은 검은 방울이 보이고, 갈색 거품이 위로 올라온다. **후각**

촉각

대상:

❺ 갑자기 멍해지거나 어지러워서 아무 생각도 나지 않을 때가 있다. 이때 배를 만져 보면 가스가 많이 차서 빵빵하다. 이렇게 속이 더부룩한 상태가 계속되면 머리가 아프고, 몸에 힘이 쭉 빠지는데 이 현상 때문이다. **시각**

청각

대상:

06 오감을 활용한 표현을 넣어 글쓰기 ①

알아 두기 한 대상을 오감(시각, 청각, 후각, 미각, 촉각)을 활용해 표현해 봐요. 오감을 통해 느낀 감정을 글로 표현하면 대상에 대한 재미있고 훌륭한 글을 쓸 수 있어요.

연습하기

1 다음 그림을 보고, 제시된 낱말을 활용해 빈칸에 알맞은 말을 써서 글을 완성해 보세요.

시각	기괴하다, 무섭다, 놀라다, 눈이 동그랗다
청각	고요하다, 정적이 흐르다, 비명을 듣다
후각	강에서 올라오는 시큼한 냄새, 도시 냄새, 아무런 냄새도 맡지 못한다
미각	쓴맛, 아무런 맛도 나지 않는다
촉각	손이 차다, 소름이 돋는다

잠깐만!! 여기에 제시된 낱말을 모두 활용하진 않아도 됩니다.

뭉크의 절규

〈절규〉는 노르웨이 화가 에드바르 뭉크가 19세기 말 그린 작품이다. 이 그림은 한 사람이 다리 위에 서서 _____ 표정을 하고 있는 것처럼 보인다. 그림의 _____ 분위기 때문에 지금까지도 많이 회자되고 있다. 〈절규〉는 나에게 여러 가지 생각과 느낌을 준다. 우선, _____ 도시에서 이 사람은 _____. 그리고 _____ _____ 그의 마음을 더욱 옥죈다. 그가 어떤 마음으로 이 다리에 서 있는지 내게 조금이나마 알려 준다.

이 그림을 본 후 매질을 하는 부모 밑에서 자라 마음의 여유가 하나도 없는 아이가 학교에서 괴롭힘을 당하는 장면이 떠올랐다. 우리는 누군가에게 상처 주고 있지 않은지 반성하면서 인생을 살아야 할 것이다.

1 박물관이나 미술관에서 봤던 '작품이나 문화 유산'을 떠올리고, 오감으로 느끼거나 떠오른 감정을 〈보기〉처럼 '구나 문장'으로 써 보세요.

	보기		나의 경험
작품이나 문화 유산	백제금동대향로	작품이나 문화 유산	
시각	손대면 터져 버릴 듯한 화려한 불꽃	시각	
청각	타닥타닥 불이 타오르는 소리	청각	
후각	백제 역사의 내음	후각	
미각	아름다운 맛	미각	
촉각	백제의 진한 숨결	촉각	

2 위에 적은 것을 토대로 '작품이나 문화 유산'에 대해 〈보기〉처럼 글을 써 보세요.

> 보기 **백제금동대향로**
>
> 백제의 진한 숨결
> 백제금동대향로
> 손대면 터져 버릴 듯한 화려한 불꽃!
> 타닥타닥 타오르는 백제의 야망.
> 불꽃과 함께 백제 역사의 내음이
> 한껏 올라온다.
> 이 맛을 무엇이라 표현할 수 있을까?
> 굳이 말한다면 아름다운 맛이리라!

07 오감을 활용한 표현을 넣어 글쓰기 ②

직접 써 보기

1 〈보기〉처럼 한 대상을 정해서 오감을 활용한 문장을 쓰고, 이 문장으로 재미있는 글을 써 보세요.

검은색 액체에서 무슨 맛이 날까 궁금하다. 검은색 우유 같다는 생각이 든다.	만두, 가래떡, 파전. 많은 음식을 먹을 때 들려오는 소리가 있다. "간장 필요해?"	맛을 상상할 수 없을 만큼 오래 묵은 구수한 냄새가 올라온다.
처음에는 짠맛이 올라오지만 시간이 지나면 지날수록 진한 단맛이 난다.	간장	끈적끈적하지는 않지만 걸쭉한 느낌이 든다.

↓

보기

〈간장〉

"간장 필요해?"
　만두, 가래떡, 파전 등을 먹을 때 들려오는 소리다. 이처럼 간장은 많은 음식에 필요하다. 생선을 구울 때 바르거나 국의 간을 맞출 때 들어가기도 한다.
　사실 간장을 처음 봤을 때 검은색 액체에서 무슨 맛이 날까 궁금했다. 간장에 대해 배우면서 처음 먹을 때는 짠맛만 나는 것 같지만 점차 진한 단맛이 올라오는 간장도 많다는 것을 알게 되었다. 특히 숙성기간이 긴 간장일수록 그 맛을 상상할 수 없을 정도로 구수한 냄새가 폴폴 올라온다. 또, 간장이 손에 닿으면 끈적끈적하지는 않지만 걸쭉한 느낌이 든다는 것도 알게 되었다.
　간장은 사실 검은색 우유라고 할 만큼 잘 먹으면 몸에 도움을 주는 만능 조미료라고 할 수 있다.

07. 오감을 활용한 표현을 넣어 글쓰기 ②

2단원

바르게 문장이나 문단 쓰기

이것을 배워요!

문단을 쓸 때 중요한 것은 핵심 키워드를 중심으로 명료하게 글을 써야 한다는 거예요. 꼭 필요한 낱말이 들어가지 않은 글은 그 글이 나타내고자 하는 생각을 제대로 표현할 수 없지요. 이 단원에서는 키워드를 중심으로 문단을 쓰고, 이렇게 쓴 문단을 고쳐 쓰는 연습을 할 거예요. 글을 점검하면서 '맞춤법이나 글의 흐름을 확인하고, 불필요한 낱말이나 문장을 삭제하는 방법'을 함께 공부해 봐요.

'문장의 호응'에 대해서도 배워요. '문장의 호응'이란 문장의 앞에 어떤 단어가 나오면 이 말에 어울리는 자연스러운 낱말이 뒤에 따라 나오는 것을 의미해요. 문장의 호응이 맞지 않으면 부자연스럽거나 잘못된 문장을 쓰게 돼요. 여기서는 '주어와 서술어', '꾸며 주는 말과 서술어'의 호응에 대해 살펴보고, 문장의 호응에 맞는 글을 쓰는 연습을 해 봐요.

01 문단 쓰기

연습하기

1 〈보기〉처럼 제시된 키워드를 활용하여 중심 문장이나 뒷받침 문장을 쓰고 문단을 완성해 보세요.

> **보기**
>
> (작성하다, 수정, 완성)
>
> 　글을 쓰는 과정에 대해서 알아봅시다. 먼저, 자신이 쓸 글에 대한 내용을 떠올려야 합니다. 이렇게 아이디어를 생성한 후에 글의 구조와 흐름을 개요나 마인드맵을 활용하여 정리합니다. 그리고 정리한 내용을 토대로 본격적으로 글을 **작성합니다**. 초고를 **완성**한 후 최종적으로 글을 다시 한번 검토합니다. 이때 문맥상 어색한 부분을 찾아 **수정**한다면 더 좋은 글을 **완성할 수** 있습니다.

❶ (감사, 의미, 훌륭하다)

　　_____

　아버지는 가족을 먹여 살리기 위해 일평생 택시를 운전하며 노력하셨습니다. 매일 점심에 나가서 새벽에 들어오시는 아버지의 뒷모습은 우리에게 든든한 버팀목이었습니다. _____

_____

_____

❷ (이익, 가구, 의약품)

　　_____

　첫째, 은행나무의 열매인 '은행'은 구우면 고소하고 쫄깃쫄깃하여 많은 사람이 좋아하는 간식입니다. 둘째, 은행나무의 목재는 _____

_____.

　셋째, 은행나무에서 뽑을 수 있는 _____

_____.

3 (국토, 일본, 태평양)

우리나라는 아시아 대륙의 동쪽에 있습니다. 북쪽으로는 러시아, 중국과 국경을 맞대고 있습니다.

4 (인생, 희망, 제공하다)

긍정적인 생각을 많이 하면 건강에 좋습니다. 왜냐하면 긍정적인 생각은 스트레스를 줄이고 면역 체계 활성화에 도움을 주기 때문입니다.

5 (채도, 맑다, 명도, 밝다)

색상은 색을 빨강, 파랑, 노랑 등으로 구분하게 하는 색의 독특한 특성이라고 할 수 있습니다. 채도는

직접 써 보기

1 제시된 여러 가지 정보를 정렬하여 〈보기〉처럼 문단을 써 보세요.

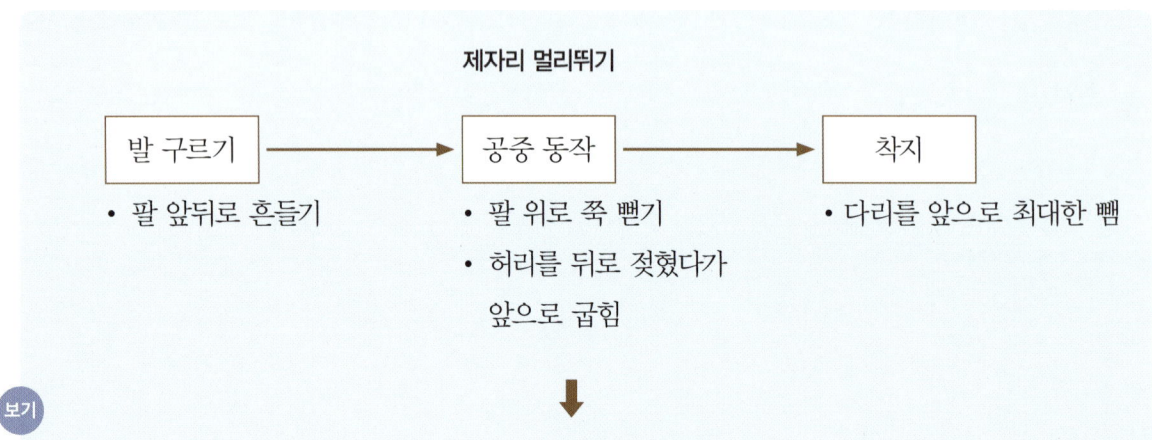

보기

　제자리 멀리뛰기는 발 구르기, 공중 동작, 착지로 이루어집니다. 발을 구를 때는 무릎은 굽혔다 폈다, 팔은 앞뒤로 흔들며 준비를 합니다. 공중 동작에서 팔을 위로 쭉 뻗고, 허리를 뒤로 젖혔다가 최대한 앞으로 굽히면 멀리 날 수 있습니다. 착지를 할 때는 다리를 앞으로 최대한 빼서 기록을 늘리려고 노력해야 합니다. 최대한 멀리 뛰려고 애쓰면서 뒤로 넘어지지 않는다면 기록 증진에 도움이 될 것입니다.

잠깐만!! 모든 정보를 문단에 넣지 않아도 괜찮습니다. 정보를 약간 수정해서 문단 안에 넣어도 됩니다.

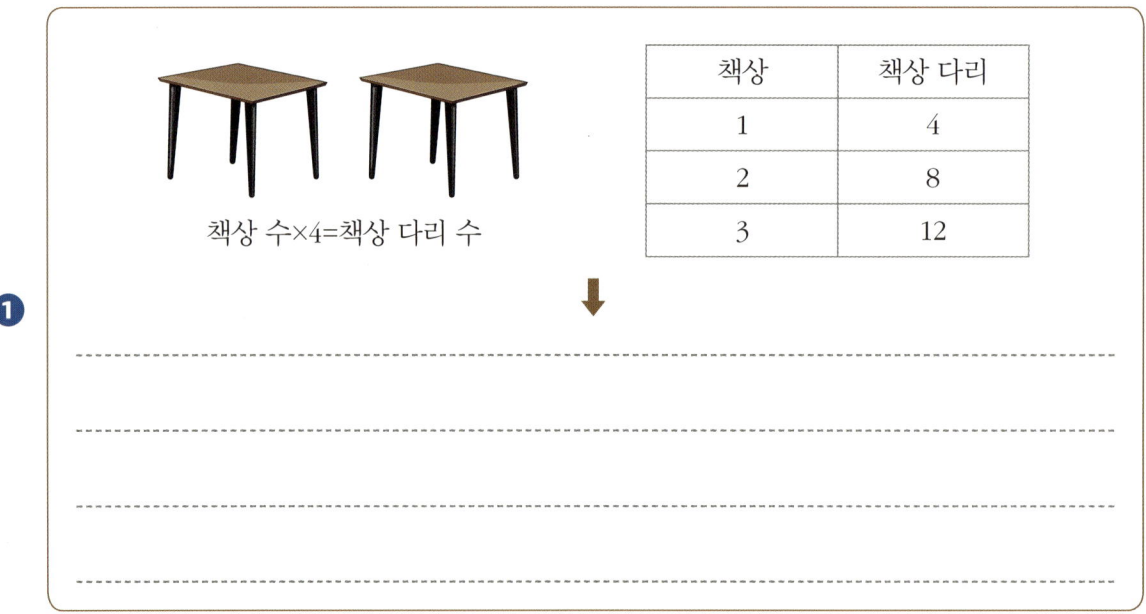

❶

❷

배, 잠수함, 여객선　　　　　　　기차, 버스, 자동차, 자전거
　　　　물　　　　　　땅
　　　　　　수송 수단
　　　　　　　공중

　　　드론, 비행기, 우주 왕복선

⬇

----

❸

　　　　　　공익 광고 ────── 누구나 이해할 수 있는 교육적인 내용
광고 ──────영화 포스터 ────── 관객들의 궁금증 유발
　　　　　　상업 광고 ────── 내용 전달 + 상품 구매

⬇

----

01. 문단 쓰기　37

❹

```
                    지하 자원, 삼림 자원
     해산물 채취        │
        │           산지
       해안    산지, 하천,      스키장, 휴양 시설
        │     평야, 해안의
  해수욕장,       이용           홍수나 가뭄 피해 막음
  양식장 이용                 │
                          댐
                             전기 생산
                 하천, 평야
    논농사를 중심으로
       농업 종사
              사람들이 살기 유리해서 도시 발달
```

↓

❺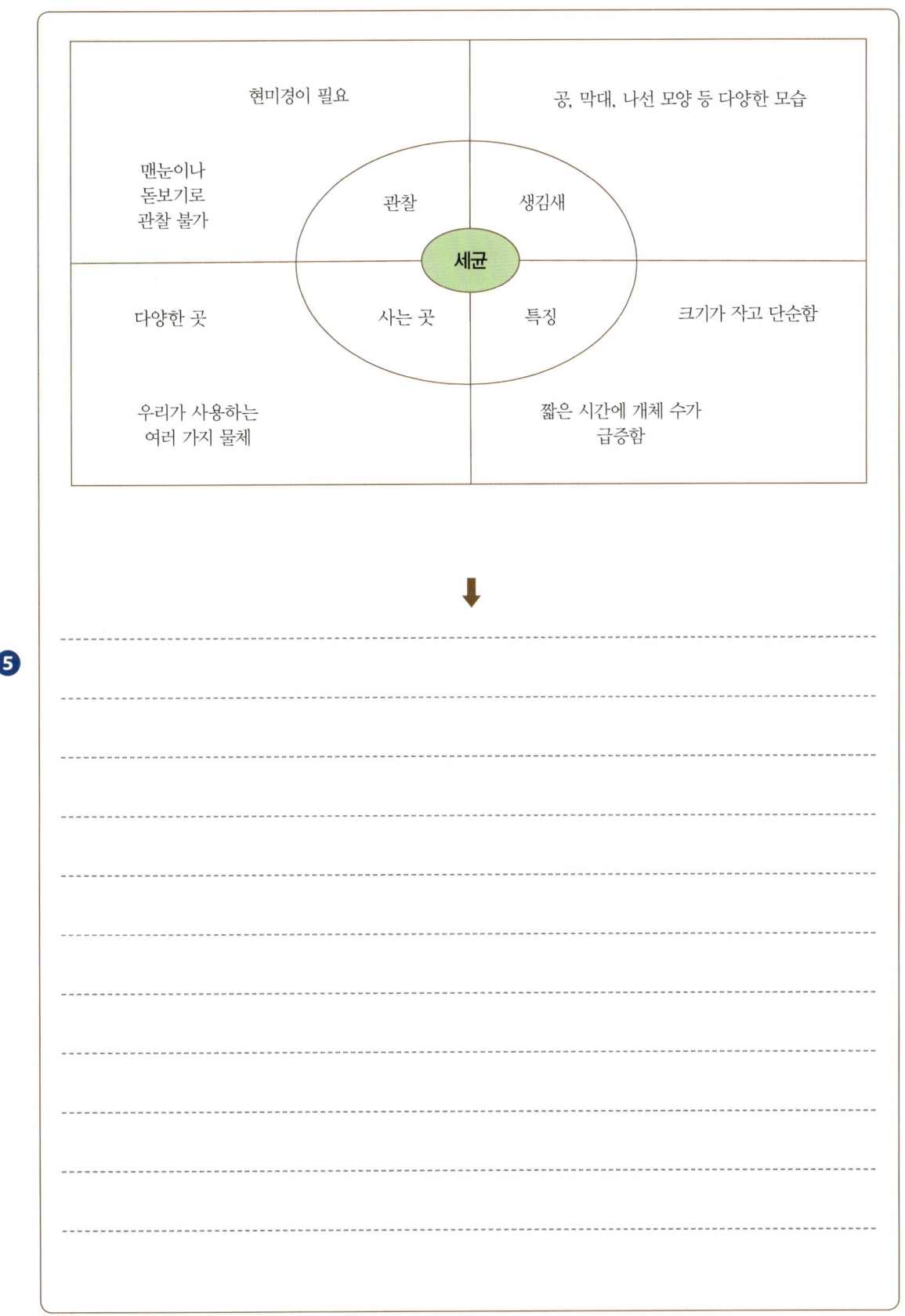

02 문단 점검하기

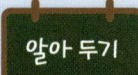

• 고쳐쓰기 과정
1. 맞춤법에 어긋난 부분이 있는지 살펴본다.
2. 글의 흐름을 확인한다(문맥적 오류, 글의 주제와 어울리지 않는 문장, 자연스럽지 않은 문장 등).
3. 불필요한 낱말이나 문장 등이 문단에 들어갔는지 확인하고 간결하게 고친다.

* 이 외에도 중요한 것으로 '문장의 구조나 문법(시제, 호응) 등을 확인'하는 것이 있습니다. 이에 대해서는 '문장의 호응'에서 자세히 살펴보겠습니다.

연습하기

1 다음 문장을 읽고, 맞춤법이나 띄어쓰기에 오류가 있는 부분을 찾아 〈보기〉처럼 바르게 수정해 보세요.

내 생애 최고의 날은 우리 딸 시은이를 ~~나앗을때~~입니다.

내 생애 최고의 날은 우리 딸 시은이를 **낳았을 때**입니다.

❶ 그가 나의 부탁을 거절했을 때 나는 어의가 없었습니다.

❷ 이 구역에서 담배를 피는것은 금지돼어 있습니다.

❸ 엄마가 게임기 사는 것은 않된다고 말했고, 나는 웬지 그 말이 듣기 싫었습니다.

2 〈보기〉처럼 맞춤법이나 띄어쓰기 오류를 찾아 바르게 고쳐 쓰고, 글의 흐름에 맞게 빈칸에 알맞은 말을 써 보세요.

보기

맞춤법(2개)

이야기를 읽을 때 내가 알고 있는 내용이나 격은 일을 떠올리면 좋습니다. 경험을 떠올리며 글을 읽으면 이야기에 등장하는 인물의 말과 행동을 쉽게 이해할 수 있습니다. 여기에 등장인물의 생각과 느낌을 파악할 수 있는 것은 덥입니다. 그리고 경험을 떠올리며 글을 읽으면 이야기의 줄거리도 쉽게 정리할 수 있습니다. 마지막으로 작품을 자신의 경험과 연관 지어 이해함으로써 독서의 즐거움을 깨달을 수 있을 것입니다.

➡ 맞춤법: 겪은, 덤

❶

맞춤법(1개), 띄어쓰기(1개)

오랜만에 가족과 함께 강릉 정동진으로 '하루 여행'을 떠났다. 아침 일찍부터 준비해서 동해고속도로를 타고 달리자 **세시간만에** 정동진에 도착할 수 있었다. '해가 뜨는 곳'이라는 별명을 가진 정동진은 아름다운 바다와 하늘이 눈에 띄었다. 안 쓰는 기차를 리모델링해서 만든 시간 박물관에도 갔는데 박물관의 이름 그대로 여러 가지 아름다운 시계가 전시돼어 있었다. 최첨단 기술을 사용한 다양한 시계가 전시되어 있어서 우리는 그곳에서 즐거운 시간을 _____ . 그 이후에는 정동진의 아름다운 백사장이 펼쳐진 바닷가에서 파도와 미역, 게, 조개들을 만지고 보면서 신나게 뛰어놀았다. 하루 여행이었지만 이 하루는 나에게 강릉에 대한 좋은 인상을 오래도록 남겨 주는 그런 날이었다.

➡ 맞춤법:

➡ 띄어쓰기:

잠깐만!! 파란색으로 제시된 낱말은 띄어쓰기를 수정해 주세요.

맞춤법(1개), 띄어쓰기(1개)

❷ 집에 오자마자 아까 선생님께서 주신 떡을 먹기 시작했다. 우걱우걱! 하얀색 떡 안에는 딸기잼이 들어 있었고, 먹으면 먹을수록 그 달콤함이 입안에 맴돌았다. 다이어트를 결심했던 우경이는 더 이상 배고픔을 **참을수** 없었다. 피자집에 전화를 걸어 어제부터 먹고 싶었던 베이컨고구마피자를 시켰다. 피자를 먹기 전에 우선 위를 달래 줘야 했다. 벌컥, 벌컥, 벌컥! 끝을 모르고 배 속으로 들어가는 콜라는 배를 통통하게 만들었다. 배는 나왔지만 우경이가 느끼는 행복감은 _____.

➡ 맞춤법:

➡ 띄어쓰기:

맞춤법(1개), 띄어쓰기(2개)

❸ 시각 기호란 구체적인 정보를 간결한 형태로 나타내어 사람들이 그 의미를 쉽게 **알수있도록** 만든 그림입니다. 시각 기호는 _____ 사람들이 쉽게 이해할 수 있도록 _____ 그려야 합니다. 또, 시각 기호는 소수의 사람들만 이해할 수 있는 정보를 나타내는 것이 아니라 대부분의 사람이 알 수 있는 내용으로 만드는 것이 일반적입니다. 예를 들면, 스마트폰 애플리케이션 프로그램이나 **각 종** 대회가 열릴 때 사용하는 로고 등이 시각 기호의 대표적인 예라고 할 수 있습니다.

➡ 맞춤법:

➡ 띄어쓰기:

> **하나 더!**
> 국립국어원에서는 '애플리케이션 프로그램'의 순화어로 '응용 프로그램'을 추천하고 있습니다.

맞춤법(2개)

④ 내 생애 가장 재미있는 책을 꼽으라면 바로 이 책, 〈13층 나무 집〉을 선택하고 싶다. 상상을 현실로 만든 앤디와 테리의 나무 집은 레모네이드 분수, 식인 상어 수조, 볼링장, 투명 수영장 등 내가 꿈에서라도 갖고 싶은 것들로 가득 차 있다. 앤디와 테리는 어떻게 이런 멋진 집을 가질 수 있었을까? _____ 을 글로 쓰는 앤디와 그림으로 그리는 테리. 나도 이 둘처럼 상상력과 함께 만들기 능력을 갖춘다면 언젠가 이렇게 멋진 나무 집을 지을 수 있지 안을까? 그런 꿈을 갖고 있는 것만으로도 일상에 즐거운 일이 가득한 것처럼 느껴진다.

➡ 맞춤법: _____
_____

맞춤법(2개), 띄어쓰기(1개)

⑤ 고려청자는 중국에서 들어온 청자 제조 기술을 고려에서 독자적으로 **발전시켜만든** 우리나라의 아름다운 유물이다. 그중 상감 청자는 청자의 표면에 무늬를 그리고, 거기에 다른 흙을 매운 후 유약을 발라 굽는 독특한 기법을 이용해 만든 고려만의 독창적인 작품이다. 이러한 상감 청자는 배게, 향로, 잔과 받침, 주전자 등 다양한 용도로 활용되었다. 특히 상감 청자는 만들기가 _____
_____. 이것으로 볼 때 고려의 귀족이나 왕족은 매우 부유하고 화려한 생활을 했다는 것을 짐작할 수 있다.

➡ 맞춤법: _____

➡ 띄어쓰기: _____

03 여러 가지 주제로 문단 구성하기 – ① 광복절

연습하기

1 '광복절'과 관련하여 생각을 자유롭게 떠올려 적어 보세요.

> **하나 더!**
> '광복절'을 직접 조사해서 적어도 좋아요.

2 위에 적은 내용 중 낱말을 선택한 후, 〈보기〉처럼 '광복절'과 관련된 내용을 삼행시로 지어 보세요.

보기

하	**하**얀 하늘 아래, 1945년 8월 15일 한반도가 일제에게 해방됐다. 민족의
얼	**얼**을 되찾은 날, 많은 사람은 만세를 외치며 거리로 뛰쳐나왔다.
빈	**빈**손으로 돌아갔던 영웅들의 죽음은 이날 모두 치유될 수 있었다.

> **하나 더!**
> 다음 연의 삼행시 글자와 이어지는 내용을 앞의 연에 미리 쓰는 것도 삼행시를 짓는 하나의 방법이에요.

3 위에 쓴 삼행시에 추가하고 싶은 내용이 있다면 〈보기〉처럼 적어 보세요.

보기   일본 제국에게 빼앗긴 주권을 되찾은 일을 기념하는 법정 공휴일

직접 써 보기

1 왼쪽에 쓴 내용을 토대로 '광복절'에 관한 글을 〈보기〉처럼 써 보세요.

> 보기
>
> 하얀 하늘 아래, 핵폭탄을 맞은 일본 제국이 연합국에 '무조건 항복'을 선언하며 1945년 8월 15일 한반도가 해방됐다. 민족의 얼을 되찾은 날, 많은 사람이 '만세'를 외치며 거리로 뛰쳐나왔다. 거리를 가득 메운 국민들은 빈손으로 돌아갔던 영웅들의 죽음이 드디어 빛을 발하게 되었다며 마냥 기뻐했다. 그 이후로 8월 15일은 한반도가 일제에게 해방되어 빼앗긴 주권을 되찾은 날을 기념하는 대한민국의 법정 공휴일로 지정되었다. 그래서 8월 15일이 되면 여러 가지 국가 행사가 열리고, 사람들은 집 앞에 태극기를 걸며 이날을 축하한다.

04 여러 가지 주제로 문단 구성하기 – ② 쓰고 싶은 이야기

연습하기

1 '쓰고 싶은 이야기'와 관련하여 생각을 자유롭게 떠올려 적어 보세요.

2 위에 적은 내용 중 낱말을 선택한 후, 〈보기〉처럼 '쓰고 싶은 이야기'와 관련된 내용을 삼행시로 지어 보세요.

보기

손	**손**을 들어 카메라로 사진을 찍는 시늉을 하던 손흥민은 드디어 월드컵 우승에 가까워졌다는 것을 느꼈다.
흥	**흥**이 난 붉은 악마는 '대한민국'을 크게 외쳤다.
민	**민**족의 염원이었던 월드컵에서 우승하는 순간, 모두가 환호했다.

3 위에 쓴 삼행시에 추가하고 싶은 내용이 있다면 〈보기〉처럼 적어 보세요.

보기   손흥민의 표정, 월드컵 우승 후 세리머니

직접 써 보기

1 왼쪽에 쓴 내용을 토대로 '쓰고 싶은 이야기'에 관한 글을 〈보기〉처럼 써 보세요.

> 〈보기〉
>
> 　　브라질과의 경기가 숨 막히는 명승부로 이어졌다. 그때였다. 손흥민은 브라질 수비수 세 명을 농락하며 볼을 가지고 춤을 췄다. '쾅!' 대포알 같은 슛이 브라질 골문을 뚫었다. 손흥민은 운동장을 돌며 손으로 사진을 찍는 골 세리머니를 보여 줬다. 대한민국은 그야말로 축제의 도가니가 됐다. 월드컵 우승을 눈앞에 둔 순간 붉은 악마는 "대한민국!"을 목청이 떠나갈 듯 외쳤다. "삑!" 경기 종료 휘슬이 울렸다. 월드컵 우승의 순간 손흥민과 대한민국은 모두 환호했다. 2026년 북중미 월드컵의 우승은 대한민국이었다. 한국의 축구 국가 대표 선수들은 손을 흔들며 기쁨을 만끽했고, 그 모습을 보는 국민들은 눈물을 주체할 수 없었다.

05 여러 가지 주제로 문단 구성하기 - ③ 아기

연습하기

1 '아기'와 관련하여 생각을 자유롭게 떠올려 적어 보세요.

2 위에 적은 내용 중 낱말을 선택한 후, 〈보기〉처럼 '아기'와 관련된 내용을 삼행시로 지어 보세요.

보기		
	꼬	**꼬**마보다 훨씬 작은 우리 아기
	깔	**깔**끔하고 솜털처럼 부드러운 이불을 덮으면 아이가 더 편해지겠지.
	콘	**콘**크리트 같은 딱딱한 베개 말고, 솜사탕처럼 부드러운 베개에서 재워야지.

3 위에 쓴 삼행시에 추가하고 싶은 내용이 있다면 〈보기〉처럼 적어 보세요.

〈보기〉 아기를 키울 때 힘든 점, 아기를 대할 때 주의할 점

직접 써 보기

1 왼쪽에 쓴 내용을 토대로 '아기'에 관한 글을 〈보기〉처럼 써 보세요.

〈보기〉

꼬마보다 훨씬 작은 우리 아기
내 품에 안겨 잠든 네 모습에
행복이 피어오른다.

방긋방긋 웃는 우리 아기
깔끔하고 솜털처럼 부드러운 이불 속에서
편하게 웃는 네 모습에
기쁨이 솟아오른다.

콘크리트 같은 딱딱한 베개 말고
솜사탕처럼 부드러운 베개에서 자렴.
엄마의 바람은 네가 행복하게 자라는 것.

엄마! 안 힘들어?
맨날 우는 내 동생 안 미워?
나도 예뻐해 줘.
나는 안 예뻐?

06 여러 가지 주제로 문단 구성하기 - ④ 인터넷

연습하기

1 '인터넷'과 관련하여 생각을 자유롭게 떠올려 적어 보세요.

2 위에 적은 내용 중 낱말을 선택한 후, 〈보기〉처럼 '인터넷'과 관련된 내용을 삼행시로 지어 보세요.

보기		
	통	**통**하라, 이것만 있으면 언제, 어디서든 세계 여러 사람과 소통할 수 있다.
	신	**신**기하다고 여기겠지만 바로 인터넷 세상을 통해서 가능한 말이다. 사람들의 무한한 상상력을 그대로 펼칠 수 있게 만들어 주는 세계!
	망	**망** 하나로 세계 여러 사람이 소통할 수 있으며, 여러 가지 데이터를 주고받을 수 있다. 현재 스마트폰이 발달하면서 인터넷은 그 위력을 더하고 있다.

3 위에 쓴 삼행시에 추가하고 싶은 내용이 있다면 〈보기〉처럼 적어 보세요.

> 보기   인터넷의 시초, 인터넷으로 할 수 있는 일

직접 써 보기

1 왼쪽에 쓴 내용을 토대로 '인터넷'에 관한 글을 〈보기〉처럼 써 보세요.

> 〈보기〉
>
> 통하라! 이것만 있으면 언제, 어디서든 세계 여러 사람과 소통할 수 있다. 1900년대 중반만 하더라도 불가능한 일로 여겼던 이러한 소통이 어떻게 가능하게 됐을까? 신기하다고 여기겠지만 바로 인터넷을 통해서 가능하게 되었다. 사람들의 무한한 상상력을 그대로 펼칠 수 있게 만들어 주는 세계. 인터넷은 1969년 미국 국방부에서 미국의 네 개 대학을 연결하기 위해 설치한 아르파넷(ARPANET)을 기원으로 하고 있다. 이제 인터넷은 망 하나로 세계 여러 나라의 사람들을 연결하고 다양한 데이터를 주고받을 수 있게 한다. 현재 스마트폰이 발달하면서 인터넷은 그 위력을 더하고 있다.

07 여러 가지 주제로 문단 구성하기 - ⑤ 산과 염기

연습하기

1 '산과 염기'와 관련하여 생각을 자유롭게 떠올려 적어 보세요.

2 위에 적은 내용 중 낱말을 선택한 후, 〈보기〉처럼 '산과 염기'와 관련된 내용을 삼행시로 지어 보세요.

보기

지	**지**시약은 용액의 성질에 따라 변화가 나타나는 물질을 말한다.
시	**시**도해 보면 알겠지만 대표적인 지시약으로 리트머스 종이가 있다.
약	**약**한 산성 용액인 레몬즙을 파란색 리트머스 종이에 뿌리면 리트머스 종이가 붉은색으로 바뀐다. 염기성 용액인 비눗물을 붉은색 리트머스 종이에 뿌리면 리트머스 종이가 파랗게 변한다.

3 위에 쓴 삼행시에 추가하고 싶은 내용이 있다면 〈보기〉처럼 적어 보세요.

보기 지시약의 종류, 산성과 염기성 용액이 만났을 때 여러 가지 지시약의 변화

직접 써 보기

1 왼쪽에 쓴 내용을 토대로 '산과 염기'에 관한 글을 〈보기〉처럼 써 보세요.

> 〈보기〉
> 　　지시약이란 어떤 용액을 만났을 때 용액의 성질에 따라 변화가 나타나는 물질을 말한다. 대표적인 지시약으로 리트머스 종이, 페놀프탈레인 용액, 자주색 양배추 지시약 등이 있다. 산성 용액(레몬즙, 식초, 사이다, 묽은 염산 등)과 염기성 용액(비눗물, 석회수, 묽은 수산화나트륨 용액 등)은 지시약을 만나면 나타나는 변화가 각각 다르다. 산성 용액은 푸른색 리트머스 종이와 자주색 양배추 지시약을 붉게 만든다. 염기성 용액은 붉은색 리트머스 종이를 푸르게 만들고, 페놀프탈레인 용액의 색깔을 붉은색으로 변화시킨다. 또, 염기성 용액은 자주색 양배추 지시약의 색깔을 푸르거나 노랗게 만든다.

08 주어, 서술어 간의 호응 알기

1) 주어: 짜장면을 맛있다. (X) ➡ 짜장면이 맛있다. (O)
2) 시간: 어제 잠은 잘 거니? (X) ➡ 어제 잠은 잤었니? (O)
3) 높임: 사장님이 먹는다. (X) ➡ 사장님께서 잡수신다. (O)
4) 동작: 이 자동차는 나에게 주었다. (X) ➡ 이 자동차는 나에게 주어졌다. (O)

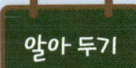 문장에서 앞에 어떤 말이 오면 뒤에 그 말에 맞는 말이 따라와야 해요. 이것이 잘못되면 어색하거나 잘못된 문장이 되죠. 문장 성분 가운데 가장 주의 깊게 봐야 할 것은 '서술어'예요. 문장 성분에 따라 여러 가지 모양으로 바뀌기 때문이죠. 여기서는 주어에 알맞은 '서술어'를 적는 연습을 해 봐요.

연습하기

1 다음 문장을 읽고, 문장의 호응에 오류가 있는 부분을 찾아 〈보기〉처럼 바르게 수정해 보세요.

 이 카페에서는 **케이크와** 음료를 마실 수 있습니다.
➡ 이 카페에서는 **케이크를 먹고**, 음료를 마실 수 있습니다.

❶ 어제 동생은 여미지 식물원으로 소풍을 갈 것이다.

➡ 어제 동생은 여미지 식물원으로 소풍을 _____.

❷ 로봇 박물관에서 아이들에게 인기가 있다.

➡ _____ 아이들에게 인기가 있다.

❸ 얼음땡을 하고 있던 나는 결국 술래에게 잡았다.

➡ 얼음땡을 하고 있던 나는 결국 술래에게 _____.

2 다음 문단을 읽고, 호응에 맞지 않는 낱말이나 문장을 찾아 선을 긋고 바르게 수정해 보세요.

❶ 나는 아침부터 바쁘게 ~~움직일 것이다~~. 오늘 드디어 반장 선거가 ~~뽑히고 싶기~~ 때문이다.
　　움직였다.　　　　　　　　　　　　　　　실시되기

나는 머리와 깨끗한 옷을 찾아서 입었다. 아이들에게 신뢰받을 수 있는 사람이 되려면 겉모습도 깔끔해야겠다고 생각했다. 나는 어제 하루 종일 준비할 공약을 다시 한번 거울 앞에서 외웠다. "저를 반장으로 뽑아 주신다면……." 이제 나는 심호흡과 현관문을 나설 것이다.

❷ 초등학교에서 인권이 침해되는 사례는 여러 가지가 합니다. 한 학생이 별명을 부르지 말라고 아이에게 계속해서 장난을 친다면 이것은 인권 침해라고 할 수 있습니다. 또, 힘이 센 친구가 자신이 해야 할 일을 힘이 약한 친구에게 ~~하는~~ 것도 인권을 침해했다고 말할 수
　　　　　　　　　　　　　　　　　　　　　　　　시키는

있습니다. 모든 사람의 인권은 소중하므로 함부로 인권을 ~~침해하는 일을~~ 일어나서는 안 되
　　　　　　　　　　　　　　　　　　　　　　　침해하는 일이

겠습니다.

09 꾸며 주는 말과 서술어의 호응 알기

1) 결코: 그것은 결코 우연한 일이었다. (X) ➡ 그것은 결코 우연한 일이 아니었다. (O)
2) 전혀: 그녀는 반장 선거에 전혀 신경을 쓴다. (X) ➡ 그녀는 반장 선거에 전혀 신경을 쓰지 않는다. (O)
3) 별로: 현우는 떡볶이를 별로 좋아한다. (X) ➡ 현우는 떡볶이를 별로 좋아하지 않는다. (O)
4) 여간: 그는 여간 만만했다. (X) ➡ 그는 여간 만만치 않았다. (O)

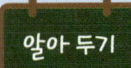

문장의 필수 성분뿐만 아니라 꾸며 주는 말과 서술어 사이에도 호응이 이루어져야 해요. 어떠한 꾸며 주는 말에는 꼭 나와야 하는 말이 있어요. 예를 들면, '결코, 전혀, 별로'와 같은 낱말에는 부정적인 서술어('안'이나 '못'이 꾸며 주는 서술어)가 와야 해요. 여기서는 꾸며 주는 말에 어울리는 서술어를 쓰는 연습을 해 볼 거예요.

연습하기

1 다음 문장을 읽고, 문장의 호응에 오류가 있는 부분을 찾아 〈보기〉처럼 바르게 수정해 보세요.

> 보기
> 내가 학원에 가는 까닭은 수학 실력이 ~~부족하다~~.
> ➡ 내가 학원에 가는 까닭은 수학 실력이 **부족하기 때문이다**.

❶ 비록 내가 지금은 가난하고, 나중에는 반드시 성공할 것이다.

➡ 비록 내가 지금은 _____ 나중에는 반드시 성공할 것이다.

❷ 아마 내일은 비가 와서 체육을 교실에서 하게 됐다.

➡ 아마 내일은 비가 와서 체육을 교실에서 하게 _____.

❸ 오늘은 순이에게 내 마음을 반드시 고백하지 않았다.

➡ 오늘은 순이에게 내 마음을 반드시 _____.

2 다음 문단을 읽고, 호응에 맞지 않는 낱말이나 문장을 찾아 선을 긋고 바르게 수정해 보세요.

❶ 안녕? 찬하야. 나 인실이야. 어제 있었던 일에 대해서 이야기해 봐야 할 것 같아서 편지를 써. 사실 어제 네가 나에게 한 거짓말을 도무지 이해할 수 있어. 왜냐하면 지금까지 가장 친하다고 생각했던 네가 나에게 거짓말을 할 거라고 절대 상상할 수 ~~있었거든~~. 만약 거짓말을
　　　　　　　　　　　　　　　　　　　　　　　　　　　　　　　　　　없었거든.
하는 것이 나를 위한 거라고 생각했다면 그다지 좋은 생각이었다고 생각해. 우리가 진정한 친구라면 반드시 무엇이든 솔직하게 ~~이야기하지 않았으면~~ 좋겠어.
　　　　　　　　　　　　　　　　　　　　　　이야기했으면

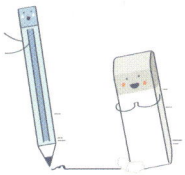

❷ 오늘의 날씨를 말씀드리겠습니다. 12일, 수요일의 하늘은 그다지 ~~맑습니다~~. 왜냐하면 몽골
　　　　　　　　　　　　　　　　　　　　　　　　　　　　　　　　　맑지 않겠습니다.
과 중국에서 발생한 황사의 영향으로 미세먼지 농도가 '나쁨' 수준입니다. 대기 질이 좋지 않으므로 가능하면 바깥 외출을 ~~하는 것이 좋겠습니다~~. 만약 외출을 하고, 마스크를 꼭 착용
　　　　　　　　　　　　　　　　　하지 않는 것이 좋겠습니다.
하고 나가시기 바랍니다. 이날 전국 대부분의 온도는 5도 미만으로 ~~더운~~ 날씨가 될 것으로 예
　　　　　　　　　　　　　　　　　　　　　　　　　　　　　　　쌀쌀한
상됩니다. 강원 내륙 산간에는 혹시 눈이 오는 곳이 ~~있습니다~~. 반드시 따뜻한 옷을 챙기실 것
　　　　　　　　　　　　　　　　　　　　　　　있을지도 모르겠습니다.
입니다. 날씨였습니다.

09. 꾸며 주는 말과 서술어의 호응 알기

직접 써 보기

1 다음 문단을 읽고, 〈보기〉처럼 문장의 호응에 맞지 않는 곳에 표시하고 바르게 고쳐 다시 써 보세요.

생활 속에서 음악은 다양하게 ~~활용한다~~. 예를 들면, 헬스장, 카페, 백화점, 경기장 등에서는 ~~음악어~~ 많이 틀어 준다. 헬스장에서는 회원들이 ~~음악을~~ 신나게 운동할 수 있고, 카페에서는 사람들끼리 대화를 할 때 음악이 한층 좋은 분위기를 ~~만들었다~~. 백화점의 ~~음악을~~ 사람들이 물건을 많이 사게 유도하고, 경기장의 음악은 사람들이 ~~활기찬 응원과~~ 경기를 재미있게 볼 수 있게 도와준다.

〈보기〉
생활 속에서 음악은 다양하게 활용된다. 예를 들면, 헬스장, 카페, 백화점, 경기장 등에서는 음악을 많이 틀어 준다. 헬스장에서는 회원들이 음악을 들으며 신나게 운동할 수 있고, 카페에서는 사람들끼리 대화를 할 때 음악이 한층 좋은 분위기를 만들어 준다. 백화점의 음악은 사람들이 물건을 많이 사게 유도하고, 경기장의 음악은 사람들이 활기찬 응원을 하고, 경기를 재미있게 볼 수 있게 도와준다.

❶ 　무엇을 이루거나 적절한 대가를 받기 위하여 어떤 장소에서 일정한 시간 동안 몸과 머리를 움직이는 활동을 '일'이라고 합니다. 사람들은 일을 함으로써 생활에서 다양한 것이 얻을 수 있습니다. 만약 자신의 적성에 맞는 일을 찾고 다른 사람에게 인정을 받으며 행복한 삶을 살 수 있습니다. 그리고 일을 하면 자신의 개성과 다른 사람을 도우면서 보람도 느낄 수 있을 것입니다.

❷   아침부터 하늘에서 큼지막한 눈이 떨어질 것이다. 이번 연도에는 절대 올 것 같던 눈이 떨어지자 나는 기분이 좋아졌다. 빨리 가방을 챙겨 학교 운동장으로 뛰어갔다. 벌써 많은 아이가 운동장에서 하얀 분위기를 즐길 것이다. '교실로 들어가서 선생님에게 오늘 체육 시간에는 밖에 나가서 눈싸움을 하자고 말해야겠다.'고 생각했다. 눈 오는 날에 교실에서 공부하는 것을 도저히 참았다.

❸   독서를 많이 하려면 어떻게 해야 할까? 가장 중요한 것은 집에서 TV나 스마트폰을 결코 켜야 한다는 것이다. TV나 스마트폰을 켜면 책을 펴기가 굉장히 쉽다. 휘황찬란한 화면과 함께 들려오는 오디오 소리는 책보다 재미있기에 TV와 스마트폰에 빠지면 물 건너갔다고 보면 된다. 아무리 영상과 게임이 재미있고 그것을 켜지 않는다면 어느 정도 독서를 시작했다. 독서하는 것이 처음에는 쉬울 수 있지만 독서 시간을 차츰 늘려 가면 어느새 독서광이 된 자신을 발견했다.

3단원

국어사전 활용하기

이것을 배워요!

어휘력을 높이려면 오랜 기간 책을 읽으며 다양한 낱말의 뜻을 파악하려는 노력이 필요해요. 책만 많이 읽는 것보다 사전을 통해 정확한 낱말의 뜻을 파악하는 과정을 거치면 좀 더 쉽게 어휘력을 기를 수 있어요.

여기서는 '낱말의 모양이 같고 뜻이 서로 관련되어 있는 다의어'와 '낱말의 모양은 같지만 뜻이 서로 관련 없는 동형어'에 대해서 배울 거예요. 다의어나 동형어를 구분하는 학습보다는 낱말이 다양한 뜻을 가진다는 것을 알고 그 다양한 의미를 바탕으로 여러 가지 글을 쓰는 연습을 해 봐요.

01 상황에 따라 여러 가지로 해석되는 낱말 알기 – 다의어와 동형어

> 다의어: 한 낱말 안에 여러 가지 뜻을 제시한다.

> 동형어: 서로 다른 낱말이므로 구분해서 제시한다.

눈01	「1」 빛의 자극을 받아 물체를 볼 수 있는 감각 기관	* 눈이 맑다.
	「2」 물체의 존재나 형상을 인식하는 눈의 능력	* 눈이 좋다.
	「3」 사물을 보고 판단하는 힘	* 그는 보는 눈이 정확하다.
	「4」 ('눈으로' 꼴로 쓰여) 무엇을 보는 표정이나 태도	* 동경의 눈으로 바라보다.
눈02	자·저울·온도계 따위에 표시하여 길이·양·도수 따위를 나타내는 금	
눈03	「1」 그물 따위에서 코와 코를 이어 이룬 구멍 「2」 바둑판에서 가로줄과 세로줄이 만나는 점	
눈04	대기 중의 수증기가 찬 기운을 만나 얼어서 땅 위로 떨어지는 얼음의 결정체 * 눈이 내리다.	
보다01	「1」 눈으로 대상의 존재나 형태적 특징을 알다. 「2」 눈으로 대상을 즐기거나 감상하다. 「3」 책이나 신문 따위를 읽다. 「4」 대상의 내용이나 상태를 알기 위하여 살피다.	* 수상한 사람을 보면 신고하세요. * 드라마를 보다. * 책을 보다. * 눈치를 보다.
보다02	어떤 수준에 비하여 한층 더	* 보다 빠르게 달리다.
보다03	서로 차이가 있는 것을 비교하는 경우, 비교의 대상이 되는 말에 붙어 '~에 비해서'의 뜻을 나타내는 격 조사 * 내가 너보다 빠르다.	

알아 두기 똑같이 생긴 낱말이 여러 가지 다른 뜻을 가지기도 해요. 국어사전에서는 '눈'을 눈01, 눈02, 눈03, 눈04처럼 서로 완전히 다른 뜻으로 제시하기도 하고, 눈01 「1」, 「2」, 「3」, 「4」처럼 한 낱말이 가진 비슷한 의미를 여러 가지로 나누어 적기도 하죠. 눈01, 눈02, 눈03, 눈04는 뜻이 관련이 없는 전혀 다른 낱말로 '동형어'라고 하고, 눈01 「1」, 「2」, 「3」, 「4」처럼 뜻이 서로 관련 있는 낱말을 '다의어'라고 해요. 우리는 글을 읽거나 쓸 때 다양한 동형어와 다의어를 마주하게 돼요. 낱말의 뜻을 정확하게 알고 글을 읽거나 쓰는 것은 어휘력을 높이는 데 중요한 과정이에요. 여기서는 동형어와 다의어를 활용해서 여러 가지 문장이나 문단, 글을 쓰는 연습을 해 봐요.

연습하기 [1~2] 다음 글을 읽고, 물음에 답하세요.

①**찬** 기운이 가득 ②**찬** 어느 겨울날이었다. 마당에서 빨래를 널던 할머니께서 하늘을 보고, 혀를 끌끌 ③**찼다**. "쯧쯧, 눈이 오겠구나! 빨래를 말리지 못하겠네." 그 말씀을 마치고 얼마 되지 않아 하늘에서 함박눈이 쏟아졌다. 마당은 온통 눈으로 가득 ④**차기** 시작했다. 나는 동생과 눈사람 만들 생각에 신이 났지만 갑자기 온몸이 으슬으슬 추워졌다. 이마에서 열까지 나자 온 가족이 나를 걱정했다. "이번 감기는 무척 ⑤**차다고** 하는구나. 얼른 약 먹고 따뜻한 곳에서 쉬렴." 할머니께서 내 눈을 보고 조용히 말씀하셨다.

1 ①~⑤ 중 '차다'의 뜻에 맞게 쓰인 번호를 빈칸에 각각 써 주세요.

낱말	여러 가지 뜻	사용된 곳
차다 01	[1] 일정한 공간에 사람, 사물, 냄새 따위가 더 들어갈 수 없이 가득하게 되다.	
	[2] 감정이나 기운 따위가 가득하게 되다.	②
차다 02	[1] 발로 내어 지르거나 받아 올리다.	
	[2] 혀끝을 입천장 앞쪽에 붙였다가 떼어 소리를 내다.	
차다 03	[1] 몸에 닿은 물체나 대기의 온도가 낮다.	
	[2] 인정이 없고 쌀쌀하다.	

2 〈보기〉처럼 ①~⑤ 중 하나를 골라서 그 뜻에 알맞은 문장을 만들어 보세요.

> **보기** ⑤ ➡ 그는 마음이 **차가워서** 다가가기가 무척 힘들다.

☐ ➡ _____

3 제시된 낱말의 여러 가지 뜻에 적합한 문장을 〈보기〉처럼 만들어 보세요.

❶
타다01	「1」 불씨나 높은 열로 불이 붙어 번지거나 불꽃이 일어나다. 「2」 피부가 햇볕을 오래 쬐어 검은색으로 변하다.
타다02	「1」 탈것이나 짐승의 등 따위에 몸을 얹다. 「2」 도로, 줄, 산, 나무, 바위 따위를 밟고 오르거나 그것을 따라 지나가다.

보기   02「2」 ➡ 암벽을 **타는** 솜씨가 전문가 못지않다.

① 01「1」 ➡

② 01「2」 ➡

③ 02「1」 ➡

④ 02「2」 ➡

❷
깨다01	「1」 술기운 따위가 사라지고 온전한 정신 상태로 돌아오다. 「2」 잠, 꿈 따위에서 벗어나다. 또는 벗어나게 하다.
깨다02	「1」 단단한 물체를 쳐서 조각이 나게 하다. 「2」 일이나 상태 따위를 중간에서 어그러뜨리다.

보기   01「1」 ➡ 마취에서 **깨고** 보니, 수술이 끝나 있었다.

① 01「1」 ➡

② 01「2」 ➡

③ 02「1」 ➡

④ 02「2」 ➡

❸
길01	「1」 사람이나 동물 또는 자동차 따위가 지나갈 수 있게 땅 위에 낸 일정한 너비의 공간 「2」 물 위나 공중에서 일정하게 다니는 곳
길02	「1」 짐승 따위를 잘 가르쳐서 부리기 좋게 된 버릇 「2」 어떤 일에 익숙하게 된 솜씨

보기 02「2」 ➡ 어느덧 제주도 생활에 **길**이 든 것 같다.

① 01「1」 ➡

② 01「2」 ➡

③ 02「1」 ➡

④ 02「2」 ➡

❹
바르다01	「1」 풀칠한 종이나 헝겊 따위를 다른 물건의 표면에 고루 붙이다. 「2」 물이나 풀, 약, 화장품 따위를 물체의 표면에 문질러 묻히다.
바르다02	「1」 겉으로 보기에 비뚤어지거나 굽은 데가 없다. 「2」 말이나 행동 따위가 사회적인 규범이나 사리에 어긋나지 아니하고 들어맞다.

보기 02「1」 ➡ 삼각형을 **바르게** 그린 것 같다.

① 01「1」 ➡

② 01「2」 ➡

③ 02「1」 ➡

④ 02「2」 ➡

직접 써 보기

1 제시된 낱말의 의미를 읽고, 그와 관련된 문장과 글을 〈보기〉처럼 써 보세요.

다리01	「1」 사람이나 동물의 몸통 아래 붙어 있는 신체의 부분 「2」 물체의 아래쪽에 붙어서 그 물체를 받치거나 직접 땅에 닿지 아니하게 하거나 높이 있도록 버티어 놓은 부분
다리02	「1」 물을 건너거나 또는 한편의 높은 곳에서 다른 편의 높은 곳으로 건너다닐 수 있도록 만든 시설물 「2」 중간에 거쳐야 할 단계나 과정

❶ 쓰고 싶은 글의 주제를 생각해 적어 보세요.   (달리기)

❷ 위의 주제와 관련된 예문을 '다리'의 여러 가지 뜻을 넣어 만들어 보세요.

〈보기〉

① 01「1」 ➡ 형선이는 다리가 길어서 우리 반 달리기 대표가 됐다.

② 01「2」 ➡ 형선이는 앉아 있던 의자 다리가 부러져서 허리를 다쳤다.

③ 02「1」 ➡ 형선이는 아침마다 개천에 있는 다리에서 달리기 연습을 하기 시작했다.

④ 02「2」 ➡ 형선이는 노력이라는 다리를 거쳐 달리기 대회에서 우승할 수 있었다.

❸ 위에 쓴 예문이 포함된 하나의 글을 써 보세요.

　형선이는 어린 시절부터 다리가 길어서 달리기를 잘했다. '흥! 나는 노력 안 해도 너희보다 빨라.' 형선이의 자만심은 하늘을 찔렀다. 그러던 어느 날, 형선이는 의자 다리가 부러져서 허리를 다치게 되었다. 제대로 뛸 수 없게 된 형선이는 달리기가 자신에게 소중했다는 사실을 그제서야 깨달았다. 그날부터 형선이는 아침마다 개천에 있는 다리에서 달리기 연습을 시작했다. 조금씩 달리기가 빨라진 형선이는 결국 전국 초등학교 육상 대회에서 우승할 수 있었다. 형선이는 노력이라는 다리를 거쳐 달리기 대회에서 좋은 결과를 냈다. 우승을 하고 난 뒤에도 형선이는 조금이라도 더 빨라지기 위해 노력했다.

쓰다01	「1」 붓, 펜, 연필과 같이 선을 그을 수 있는 도구로 종이 따위에 획을 그어서 일정한 글자의 모양이 이루어지게 하다. 「2」 머릿속의 생각을 종이 혹은 이와 유사한 대상 따위에 글로 나타내다.
쓰다02	모자 따위를 머리에 얹어 덮다.
쓰다03	달갑지 않고 싫거나 괴롭다.

하나 더!

쓰다 01 「1」은 '글자를 쓰는 일'이고, 「2」는 '생각을 글로 나타내는 일'이라는 점이 달라요. 예를 들면, 이름을 쓰거나 글씨를 쓰는 것, 교과서에 있는 글을 그대로 베껴 쓰는 일이 「1」의 뜻이라면 「2」는 일기, 편지 등을 스스로 직접 쓴다는 뜻이에요.

❶ 쓰고 싶은 글의 주제를 생각해 적어 보세요.   (   )

❷ 위의 주제와 관련된 예문을 '쓰다'의 여러 가지 뜻을 넣어 만들어 보세요.

① 01 「1」 ➡

② 01 「2」 ➡

③ 02 ➡

④ 03 ➡

❸ 위에 쓴 예문이 포함된 하나의 글을 써 보세요.

02 낱말의 뜻을 이해하고 관련 글쓰기 - 의미 관계 파악하기

아버지

발음[아버지🔊]

「참고 어휘」 가부(家父), 가친(家親), 선대인(先大人), 선친(先親), 아빠, 춘부장(椿府丈)

「명사」

「1」 자기를 낳아 준 남자를 이르거나 부르는 말
* 아버지를 찾다.
* 아버지의 얼굴을 떠올리다.
* 아버지를 아버지라 부를 수 있었던 감격스러움 때문에 강바람에 흔들리는 연초록빛의 물억새처럼 마음이 가벼워졌다. 《문순태, 타오르는 강》

「반대말」 어머니
「높임말」 아버님
「낮춤말」 아비

「2」 자녀를 둔 남자를 자식에 대한 관계로 이르거나 부르는 말
* 아버지가 되다.
* 성균이 아버지, 웬일이세요? 물건 하러 나오셨나 보죠. 《한수산, 유민》

「반대말」 어머니
「높임말」 아버님
「낮춤말」 아비

「3」 자녀의 이름 뒤에 붙여, 자기 남편을 이르거나 부르는 말
* 죄인은 나지 우리 형님은 아무 죄 없으니, 여보, 치려거든 나를 쳐요. 네, 수남 아버지. 《박완서, 도시의 흉년》

...

「7」 어떤 일을 처음 이루거나 완성한 사람을 비유적으로 이르는 말
* 음악의 아버지.

알아 두기

국어사전을 찾으면 낱말 사이의 의미 관계를 알 수 있어요. 유의어와 반의어(반대말), 이 외에 앞에서 배운 다의어와 동형어도 낱말 사이의 관계를 의미해요. '아버지'를 예로 들면 참고 어휘로 '가부, 가친, 선대인, 선친, 아빠, 춘부장'이 있는 것을 알 수 있고(유의어를 포함합니다), 반대말로는 '어머니'라는 낱말이 있는 것을 알 수 있어요. 또, '아버지'라는 낱말이 가진 여러 가지 뜻을 파악할 수 있고, 그 뜻과 관련된 예시 문장도 사전에서 찾을 수 있죠. 이 단원에서는 낱말을 국어사전에서 찾고, 낱말에 담긴 여러 가지 의미와 낱말 사이의 관계를 파악하여 간단한 글을 쓰는 연습을 해 봐요.

연습하기

1 <보기>처럼 낱말을 사전에서 찾아 의미 관계를 마인드맵으로 만들고, 이를 바탕으로 글을 써 보세요.

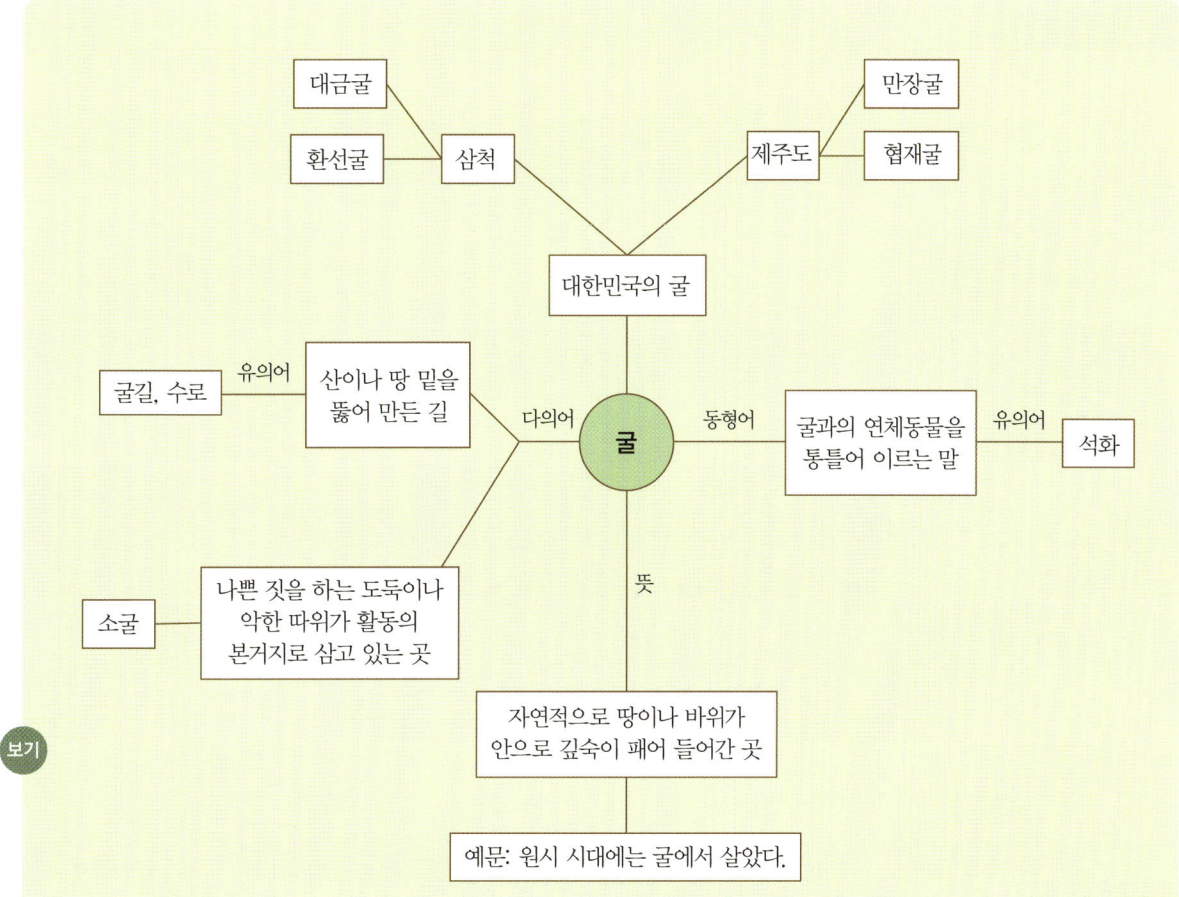

보기

　보통 '굴'이란 '원시 시대에는 굴에서 살았다.'와 같이 '자연적으로 땅이나 바위가 안으로 깊숙이 패어 들어간 곳'이라는 의미로 씁니다. 하지만 '굴'은 이 외에도 다양한 뜻을 가지고 있습니다. '산이나 땅 밑을 뚫어 만든 길'이나 '도둑이나 악한 따위가 활동의 본거지로 삼고 있는 곳'이란 뜻도 가지고 있습니다. 완전히 다른 뜻을 가지기도 하는데 우리가 먹는 '석화', 즉 '굴과의 연체동물을 통틀어 이르는 말'이란 뜻을 갖기도 합니다.

　사실 저는 예전부터 '굴'에 관심이 많습니다. 강원도 삼척의 환선굴이나 대금굴, 제주도의 만장굴과 협재굴 등 이미 여러 굴에도 들어가 보았습니다. 앞으로는 전 세계에 있는 '굴'을 탐험하고 싶습니다. 그곳을 탐험하면서 굴속의 신비로운 생태계를 체험하는 것이 제 꿈입니다.

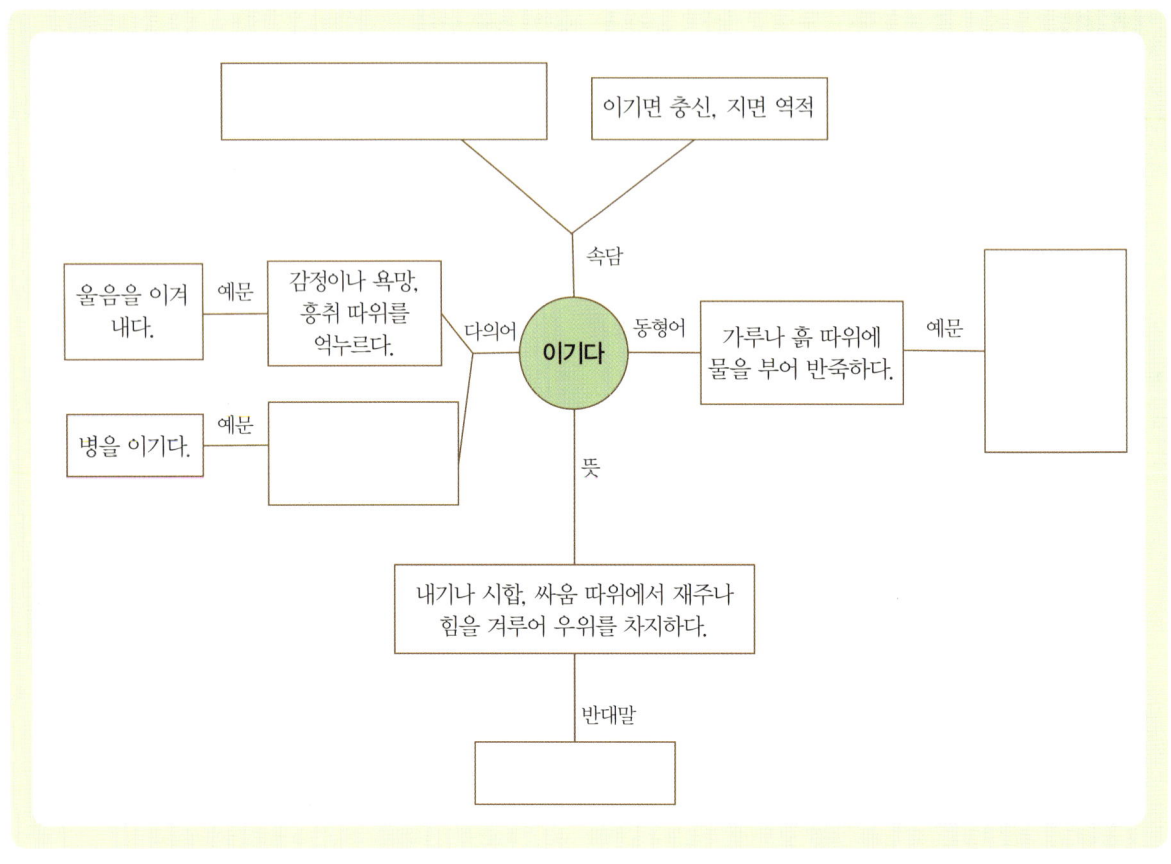

직접 써 보기

1 스스로 흥미를 가지고 있는 낱말을 선택해서 그 낱말과 관련된 마인드맵을 작성하고, 이를 바탕으로 하나의 글을 써 보세요.

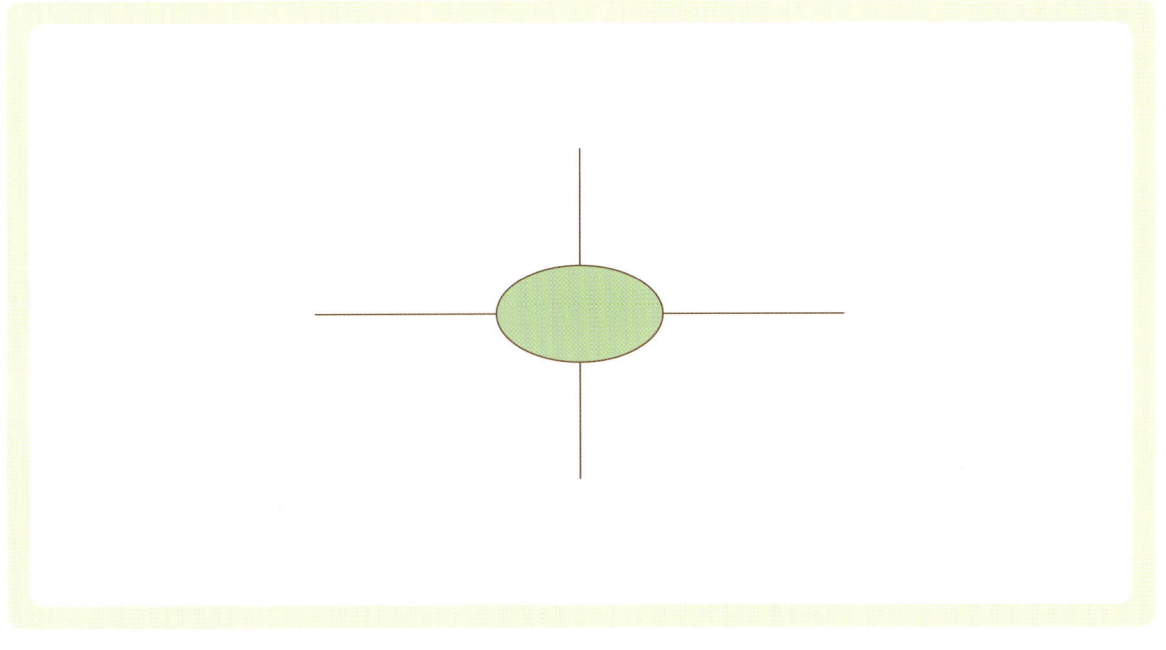

03 사전을 활용한 주제별 글쓰기 - ① 매운맛

연습하기

1 매운맛에 관한 글을 읽으면서, 어려운 낱말을 국어사전에서 찾아 〈보기〉처럼 써 보세요.

> 매운맛은 음식을 먹었을 때 몸에 생기는 열감과 고통으로 '촉각의 일종'이다. 매운맛을 촉각으로 정의하는 이유는 미각은 기본적으로 '단맛, 신맛, 짠맛, 쓴맛'만을 의미하며, 매운맛이라는 것은 사실 존재하지 않는 맛이기 때문이다. 다만 요즘에는 매운맛을 좋아하는 사람들이 많아졌기 때문에 사회에서 매운맛도 맛의 일종으로 받아들이고 있는 추세이다. 보통 고추를 이용한 소스가 맵다고 여겨지는데 세계 각국에는 다양한 고추가 존재한다. 한국의 청양 고추, 멕시코의 레드 사비나 하바네로, 태국의 프릭키누 고추, 이탈리아의 페페론치노 등이 매운 고추로 알려져 있다.

보기
- **낱말**: 촉각
- **뜻**: 물건이 피부에 닿아서 느껴지는 감각
- **예문**: 촉각은 피부에 닿아서 느껴지는 감각이다.

낱말	뜻과 예문
❶ 미각	맛을 느끼는 감각
❷	
❸	
❹	

직접 써 보기

1 매운맛에 관해 쓸 내용을 정리해서 마인드맵을 채워 보세요.

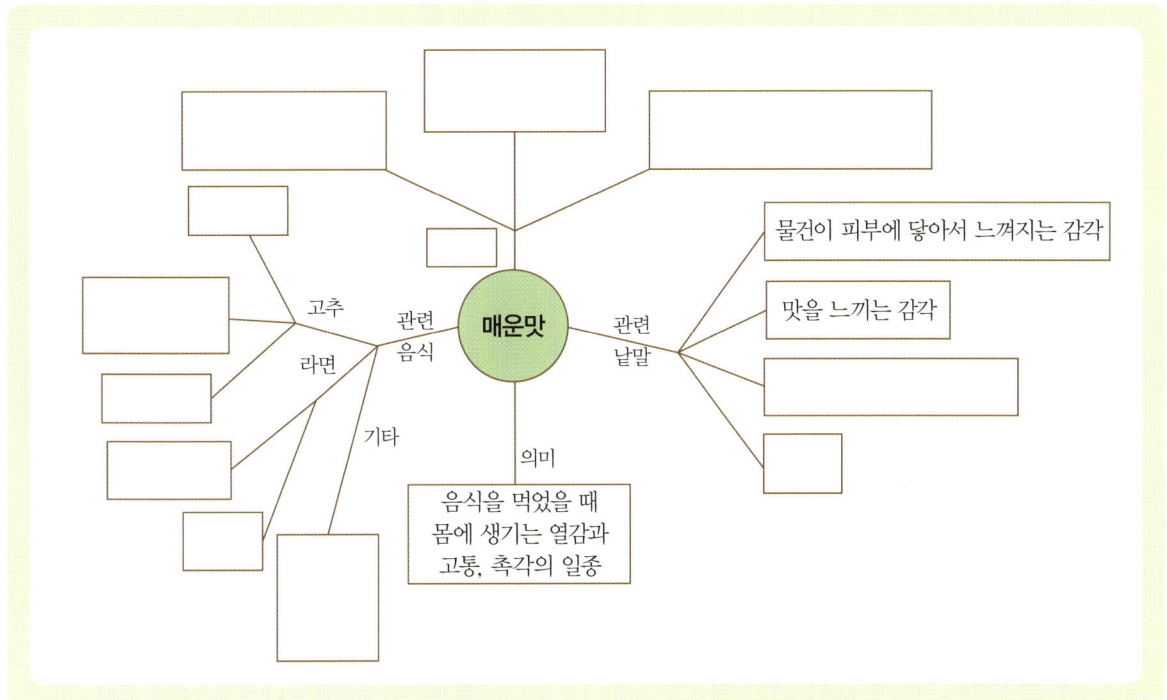

 스스로 '매운맛'을 조사해서 마인드맵을 그린다면 더 좋은 글을 쓸 수 있어요.

2 위에 그린 마인드맵을 바탕으로 매운맛에 관한 글을 〈보기〉처럼 간단히 써 보세요.

〈보기〉 매운맛은 음식을 먹었을 때 몸에 생기는 열감과 고통으로 촉각의 일종입니다. 매운맛의 대표적인 음식으로 신라면이나 불닭 볶음면 등이 있습니다. 요즘 한국에서 매운맛이 유행하고 있어서 다양한 음식에 청양 고추를 넣거나 캡사이신 소스를 뿌려서 먹는 사람도 점점 많아지고 있습니다.

04 사전을 활용한 주제별 글쓰기 - ② 태권도

연습하기

1 태권도에 관한 글을 읽으면서 어려운 낱말을 국어사전에서 찾아 〈보기〉처럼 써 보세요.

> 태권도는 대한민국의 국기(國技)로 발차기를 중심으로 손과 발, 다른 신체 부위를 사용하여 상대방을 제압하는 것을 목적으로 한다. 빠른 발차기는 태권도의 많은 기술 중에서도 정수로 뽑힌다. 그러므로 사용자가 얼마나 많은 발차기 연습을 하느냐에 따라 태권도를 잘하느냐 못하느냐가 판가름 나고, 태권도 경기 전략이 무궁무진하게 달라질 수 있다.
>
> 태권도는 1988년 서울 올림픽에서 전 세계에 시범 종목으로 소개되었고, 2000년 시드니 올림픽부터 정식 종목으로 채택되어 현재까지 이어지고 있다. 이렇게 올림픽 종목으로 선정된 후 태권도는 해외에서 폭발적인 인기를 누렸다. 또, TV 프로그램에서 격파 위주의 화려한 태권도 묘기가 소개되어 유행을 타게 되었다. 현재 태권도는 인성 수련을 집중적으로 강조하여 예절과 규칙을 중요시하는 스포츠로 주목받고 있다.

〈보기〉
- **낱말:** 국기(國技)
- **뜻:** 나라에서 전통적으로 즐겨 내려오는 대표적인 운동이나 기예
- **예문:** 씨름은 예전부터 전해 내려온 한국의 대표적인 국기이다.

낱말	뜻과 예문
❶ 제압하다	위력이나 위엄으로 세력이나 기세 따위를 억눌러서 통제하다.
❷	
❸	
❹	

직접 써 보기

1 태권도에 관해 쓸 내용을 정리해서 마인드맵을 채워 보세요.

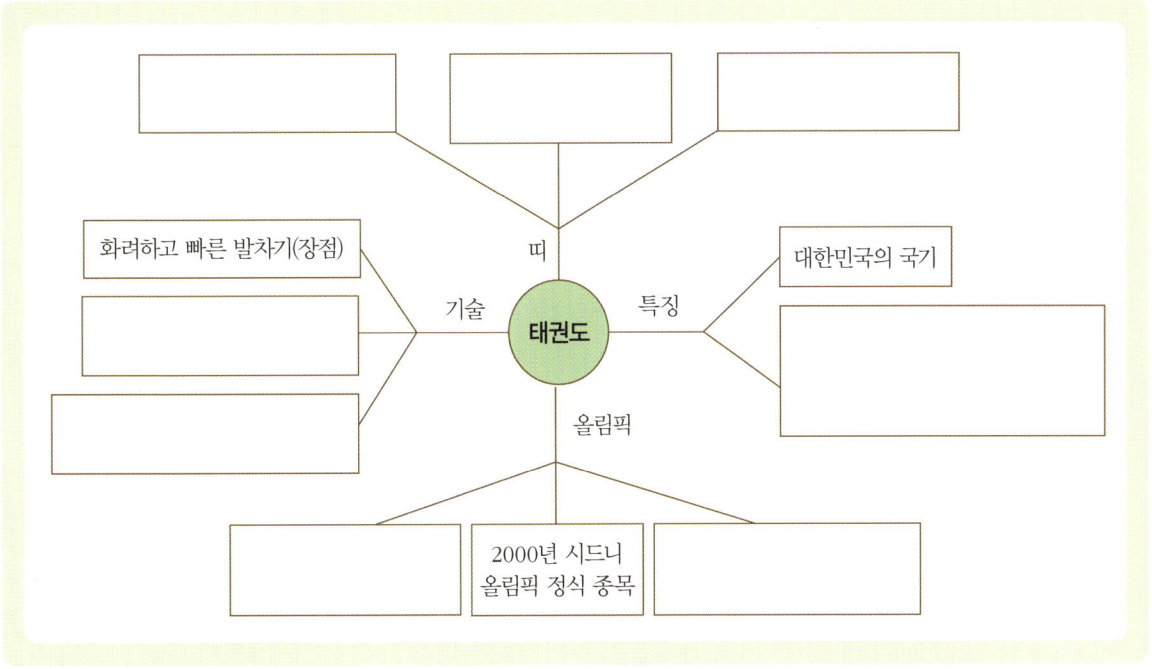

2 위에 그린 마인드맵을 바탕으로 태권도에 관한 글을 〈보기〉처럼 간단히 써 보세요.

> 〈보기〉 태권도는 1988년 서울 올림픽에서 시범 종목으로 채택되어 전 세계 사람들에게 소개되었습니다. 그러던 것이 태권도의 인기가 점점 높아지면서 2000년 시드니 올림픽부터 정식 종목으로 채택되었습니다. 2013년에 태권도는 올림픽 핵심 종목으로 선정되어 전 세계에서 가치 있는 스포츠로 인정받게 되었습니다.

05 사전을 활용한 주제별 글쓰기 - ③ 5월

연습하기

1 5월에 관한 글을 읽으면서, 어려운 낱말을 국어사전에서 찾아 〈보기〉처럼 써 보세요.

5월은 열두 개의 달 중 다섯 번째 달로 1일에서 31일까지 있다. 봄(3~5월)의 마지막 달로 여름으로 가는 길목에 있어서 날씨가 아주 맑은 날이 있는가 하면 여름처럼 덥고 다습한 날도 있다. 5월은 일교차가 심한데 아침 기온은 8~16도 정도로 쌀쌀하지만 오후에는 30도까지 올라가는 날도 있어서 건강 관리에 유의해야 한다.

5월은 계절의 여왕이며, 꽃의 계절로도 알려져 있다. 5월에 피는 꽃은 지역과 기후에 따라 달라질 수 있지만 일반적으로 모란, 작약, 석류꽃, 해당화가 5월에 핀다. 또, 대표적인 5월의 꽃으로 장미와 튤립을 꼽을 수 있다. 장미와 튤립은 사람들의 사랑을 받는 아름다운 꽃이기 때문에 이 시기에 여러 지역에서 장미나 튤립 축제를 열기도 한다.

5월은 열두 개의 달 중 기념일이 가장 많은 달이기도 하다. 1일 근로자의 날, 5일 어린이날(법정 공휴일), 8일 어버이날, 15일 스승의 날, 18일 5·18 민주화운동 기념일, 21일 부부의 날, 이 외에도 5월 셋째 주 월요일 성년의 날까지 여러 가지 기념일이 있다. 이 중에서 어린이날, 어버이날, 스승의 날 등 가정과 관련된 기념일이 많아서 5월을 가정의 달이라고 부르기도 한다.

학교에서는 가정의 달을 맞아 여러 가지 행사가 열린다. 6월만 돼도 날씨가 무척 더워지기 때문에 보통 소풍이나 수련회, 수학여행을 5월에 가는 학교가 많고, 체육 대회를 열기도 한다.

보기
- **낱말**: 길목
- **뜻**: 어떤 시기에서 다른 시기로 넘어가는 때를 비유적으로 이르는 말
- **예문**: 9월은 코스모스가 피는 길목이다.

잠깐만!! '길목'의 뜻은 여러 가지가 있어요. 사전에서 이 글에서 사용된 뜻을 찾아서 적어 줘야 해요.

	낱말	뜻과 예문
1	다습하다	습기가 많다.
2		
3		
4		
5		
6		
7		
8		
9		

직접 써 보기

1 5월에 관해 쓸 내용을 정리해서 마인드맵을 채워 보세요.

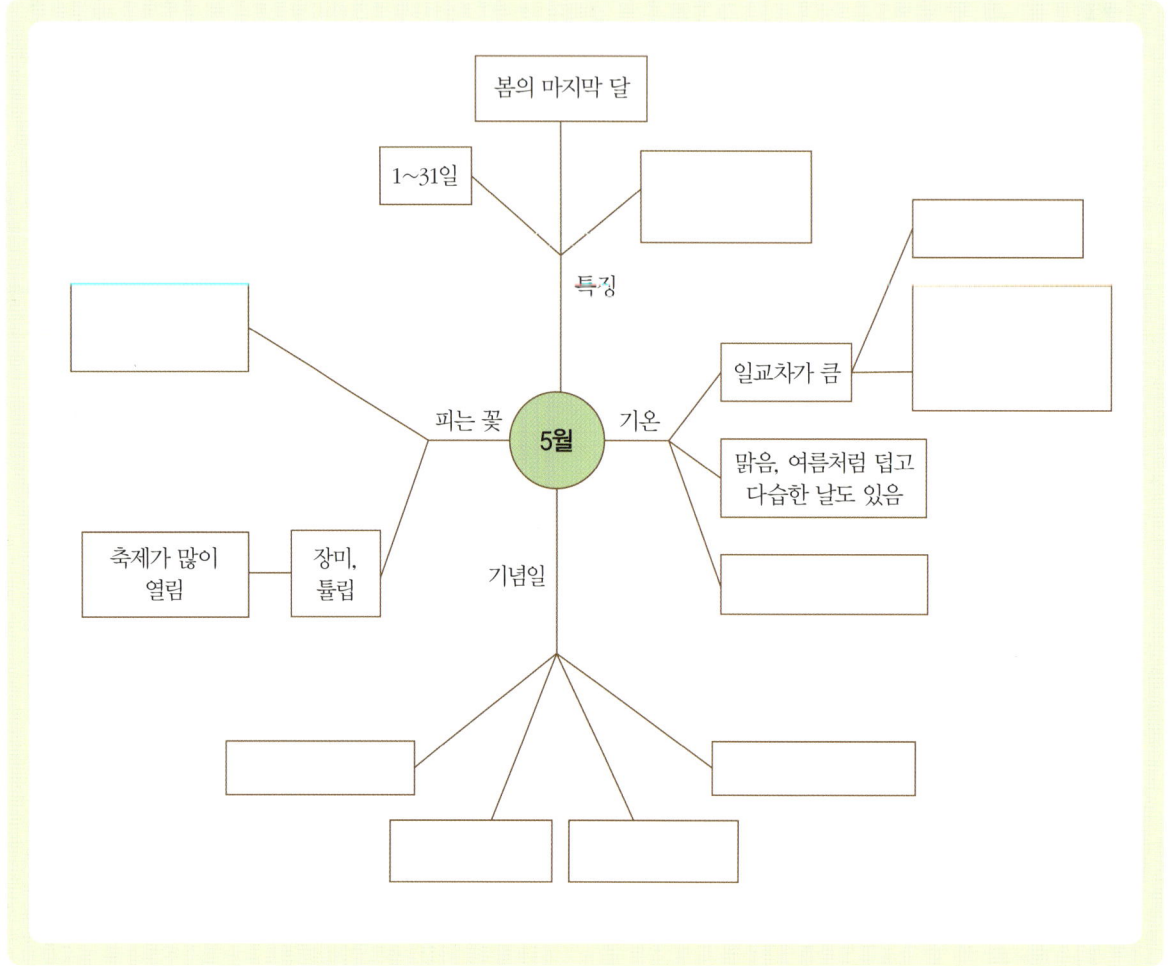

2 위에 그린 마인드맵을 바탕으로 5월에 관한 글을 〈보기〉처럼 써 보세요.

> **보기**
> 5월 15일은 스승의 날이다. 본래 5월 15일은 세종대왕의 탄신일로 세종대왕처럼 스승이 존경받는 시대가 오면 좋겠다는 의미로 정부가 이날을 스승의 날로 선정하였다. 스승의 날에 학생들은 보통 학교에서 간단한 행사를 하고 하교한다. 심지어 어떤 학교에서는 이날을 대체 공휴일로 지정하거나 중간고사를 치는 날로 바꾸어서 운영하기도 한다. 이렇게 스승의 날을 운영하는 까닭은 1990년대까지만 해도 스승의 날이 선생님께 과도한 선물을 드리는 날로 인식됐기 때문이다. 이러한 악습을 근절코자 스승의 날 열리는 행사가 점점 축소되어 현재에 이르렀다.

4단원

원고지 쓰기

이것을 배워요!

원고지 쓰기의 기본적인 규칙에 대해서 다시 한번 전체적으로 알아봐요. 원고지 쓰기의 기본 규칙, 문장 부호와 숫자·영어 쓰기 규칙을 차례로 복습해 볼 거예요.

그러고 나서 쓴 내용을 교정하는 방법을 알아봐요. 보통 교정 부호를 활용해서 원고지에 쓴 글을 고치는데 '띄어 쓸 때, 붙여 쓸 때, 한 글자나 여러 글자를 고칠 때, 줄을 이을 때' 등 여러 가지 기능을 하는 교정 부호가 있어요. 이러한 교정 부호를 공부한 후 직접 원고지에서 잘못된 글을 고치는 연습을 해 봐요.

01 원고지 쓰기 ①

알아 두기 원고지 쓰기 규칙을 정리해 봐요.

			1	명	탐	정		셜	록	
			2	설	악	산		초	등	학	교
				5	학	년		2	반		김	여	을
		3	경	찰	이		손	가	락	을		가	리	키	며	V
말	했	다	.
	4	"	네	가		범	인	이	야	!		확	실	해	. "
		"	아	니	에	요	.		저	는		절	대		범
인	이		아	닙	니	다	. "
	범	인	으	로		지	목	받	은		사	람	은	V
손	을		부	들	부	들		떨	었	다	.

1. **제목 쓰기**: 첫째 줄은 비우고, '제목'은 원고지의 둘째 행 가운데 쓴다.
2. **소속과 이름 쓰기**: '소속'은 제목 바로 아래에 쓰는데 뒤에 두 칸이나 세 칸을 비운다. '학년, 반, 이름'은 학교 이름 아래에 쓰는데 뒤에 두 칸을 남긴다.
3. 문단의 첫머리는 한 칸을 비우고 둘째 칸부터 쓴다.
4. 따옴표 문장은 문장을 시작할 때와 줄이 바뀔 때 첫 칸을 비우고 쓴다.
5. 문장 부호가 원고지 끝에 걸리면 문장 부호를 다음 행에 쓰는 것이 아니라 한 줄의 마지막 칸 안이나 밖에 써 준다.
6. 행의 맨 끝에 띄어쓰기를 할 칸이 없을 때는 그 줄의 밖에 띄어쓰기 표시(V)를 하고 다음 줄 첫 칸부터 쓴다.

연습하기

1 다음 글을 원고지 표기에 맞게 옮겨 써 보세요.

> 제목: 메리 크리스마스, 소속: 사람초등학교, 학년과 반: 5학년 2반, 이름: 김지민
> 매년 어김없이 돌아오는 크리스마스, 이번에는 뭔가가 달랐다. 펑펑, 하얀 눈이 아침부터 내리기 시작하더니 온 도시가 하얀색 옷을 입었다. "이번에 산타클로스가 오기 힘들겠구나."라고 지아가 한숨을 쉬며 말했다.
> "허허, 메리 크리스마스!"
> 굴뚝 아래 벽난로에서 산타가 등장했다. 그것은 내가 처음으로 산타클로스를 본 순간이었다.

하나 더!
원고지를 쓸 때 문단이 바뀌지 않으면 첫 칸은 비우지 않아요. 그리고 '~라는, ~라며, ~라고'와 같은 인용구를 쓸 때는 따옴표가 있어도 행을 바꾸지 않고 본문에 이어서 써 줍니다.

02　원고지 쓰기 - ② 문장 부호 쓰기

알아 두기　문장 부호 쓰기 규칙을 정리해 봐요.

			장	소	:	사	람		초	등	학	교		강	당
			일	시	:	3	월		28	일		3	:	00	
		(	막	이		오	른	다	.	흥	부	가		퉁	
퉁		부	어	오	른		뺨	을		부	여	잡	고	V	
놀	부	를		바	라	본	다	.	)						
	"	네		이	놈	!		뺨	에		붙	은			
	쌀	을		어	서		내	놓	지		못	할	까	? "	
	"	형	님		너	무		하	십	니	다	.		제	
가		뭘		그	리		잘	못	했	습	니	까 ?	V		
너	무		억	울	…	…	. "								
		(	밥	알	을		떼	어		먹	는		흥	부)	

1. 문장 부호는 기본적으로 한 칸에 하나의 문장 부호만 쓴다.
2. 쌍점 뒤 칸은 상황에 따라 붙여서 쓰거나 띄어서 쓸 수 있다. 숫자 사이에 오는 쌍점은 반드시 붙여서 쓴다.
3. 마침표, 쉼표, 붙임표, 물결표 다음 칸은 비우지 않는 것을 원칙으로 한다.
4. 따옴표 문장은 문장을 시작할 때와 줄이 바뀔 때 첫 칸을 비우고 쓴다.
5. 닫는 따옴표가 줄의 첫 칸에 올 경우 앞줄 끝 칸에 붙여 쓴다. 또, 마침표, 쉼표, 물음표, 느낌표 등의 부호도 줄의 첫 칸에는 쓰지 않도록 주의한다.
6. 말줄임표는 한 칸에 점 세 개씩 두 칸에 나누어 쓴다.
7. 물음표와 느낌표 뒤에 오는 따옴표는 물음표와 느낌표 다음 칸에 쓴다. 하지만 마침표 뒤에 오는 따옴표는 마침표가 있는 칸 안에 함께 쓴다.

연습하기

1 다음 글을 원고지 표기에 맞게 옮겨 써 보세요.

>   5:00에 도착했어야 할 피아노 학원에 왜 가지 않았느냐고 엄마가 물었다. '인제 어쩌지?'라고 승희는 생각했다.
>   "피아노 학원 쉬는 날이야."
>   승희의 입에서 거짓말이 술술 흘러나왔다. 그때였다. (정음 피아노 학원입니다. 이승희, 이승희 학생은 얼른 피아노 학원으로 오시기 바랍니다. 다시 한번 말씀드립니다. 이승희…….) 승희의 얼굴은 백지장처럼 하얘졌다. "이승희!"라고 엄마는 크게 소리쳤다.

하나 더!
따옴표나 괄호 등의 부호가 줄의 마지막 칸에서 시작할 때는 끝의 칸을 비우고 다음 줄 첫 칸에 써 줘요. 따옴표나 닫는 괄호 다음에 낱말이 오면 띄어 쓰고, 따옴표나 닫는 괄호 다음에 조사가 오면 붙여 써요. 또, 마침표 뒤에 오는 닫는 괄호는 마침표가 있는 칸 안에 함께 써요.

03 원고지 쓰기 - ③ 숫자와 영어 쓰기

알아 두기 숫자와 영어 쓰기 규칙을 정리해 봐요.

> 알파벳 대문자, 낱자로 된 숫자는 원고지 한 칸에 한 자씩 쓴다.
> 두 자 이상으로 된 알파벳 소문자와 숫자는 원고지 한 칸에 두 자씩 쓴다.
> 홀수로 이루어진 알파벳 소문자와 숫자는 앞에서부터 두 자씩 끊어서 쓴다.

> 한 줄에 쓸 수 있는 칸이 제한되어 있으면 단위가 작은 숫자나 영어의 경우 다음 줄에 쓰는 것이 아니라 앞줄 끝 칸 밖에 붙여 쓴다.

	영	어		선	생	님	께	서	"	W	he	n	V
is		th	e		H	al	lo	we	en		fe	st	iv	al?"
이	라	고		나	에	게		물	었	다	.	갑	작
스	러	운		선	생	님	의		물	음	에		나
는		당	황	해	서		아	무		말	도		할	V
수		없	었	다	.	분	명	히		축	제		날
짜	를		물	어	보	는		것		같	은	데	,
20	25	년		10	월		31	일	이	라	고		말
하	면		되	는	데	…	…	.					
	"	I	'm		so	rr	y	.	I		do	n'	t	V
	kn	ow	."										
	선	생	님	께	서		창	의	적	인		답	변
이	라	고		칭	찬	해		주	셨	다	.	G	re	-
at		st	ud	en	t	가		된		나		는	
10	0,	00	0	배		행	복	해	졌	다	.		

> 한 줄에 쓸 수 있는 칸이 제한되어 있으면 단위가 큰 숫자의 경우 남는 칸을 비워 두고, 다음 줄의 첫 칸부터 쓸 수 있다.

> 한 줄에 쓸 수 있는 칸이 제한되어 있으면 글자 수가 많은 영어 낱말의 경우 붙임표를 활용해서 다음 줄에 이어 쓸 수 있다.

연습하기

1 다음 글을 원고지 표기에 맞게 옮겨 써 보세요.

> "Anne, look who's here. Good to see you!"
> 뉴욕에서 만난 앤은 나에게 갑자기 한국의 인구수를 물었다. 나는 나무위키를 찾아서 2023년 기준으로 51,459,626명이라고 말해 주었다. 한국 인구가 얼마나 되는지 궁금했다고 앤이 말했다.
> 나는 대화를 나누던 앤에게 "Let's go see the Captain America movie."라고 제안했다. 앤은 좋다고 했고, 함께 영화관에 갔다. 영화 티켓값이 30,000원이나 했지만 앤과 함께 즐거운 시간을 보냈다.

04 교정 부호 - ① 교정 부호 알기

▷ 띄어쓰기 교정

교정 부호	이름	쓰임	표시 방법
∨	띄움표	띄어 쓸 때	맛있는∨음식
⌒	붙임표	붙여 쓸 때	건네 준다.

▷ 글자, 문장 부호 교정

교정 부호	이름	쓰임	표시 방법
∨ ⌒	고침표	틀린 글자나 내용을 바꿀 때 좋아하<u>댱</u> (면) 적<u>었</u>든 간에 (거나)	삼겹살이 맛있었다. (겹) 호랑이는 달려갔습니다. (뛰었습니다.)
✎	뺌표	글자를 뺄 때	아름다운 이곳
⌵	넣음표	글자를 넣을 때	손흥민은 골을 넣었다. (멋진)
∧	부호 넣음표	쉼표나 마침표 등의 부호를 넣을 때	코스모스장미카네이션
=	지움표	내용을 삭제할 때	그는 ~~신나는~~ 꿈을 꾸었습니다.

▷ 글자의 순서나 줄을 바꿀 때

교정 부호	이름	쓰임	표시 방법
∽	자리 바꿈표	글자나 낱말의 순서를 바꿀 때	저녁 아침
⌐	줄 바꿈표	줄을 바꿀 때	"여보세요?" 엄마가 전화를 받았다.
⊃	줄 이음표	줄을 이을 때	"여보세요?" 엄마가 전화를 받았다.

연습하기

1 틀린 부분을 〈보기〉처럼 교정 부호를 사용하여 고쳐 보세요.

> 보기: 애들아, 뭐 하고 있니? 담장밖에는 아무것도 할 게 업서.
> (애 / V / 없어)

❶ 너 보다 내가 더 힘들어. 너는왜 너 밖에 몰라?

❷ 주어는문장에서 동 작이나상태의 주채가 되는 낟말를 말한다.

❸ 수정이는 흑흑 유럽여행에서 마드리드파리런던로마를 가려고한다.

❹ 태양러은 식물와 동물이 살아가는데 필요한 애너지를 제공 한다.

2 '제시된 문단'을 교정 부호를 사용해서 주어진 문단처럼 수정해 보세요.

> 영어를 잘하는 아이에게 비결을 물었다.
> "저요? 어머니께서 영어를 잘하세요. 저와 매일 영어로 대화하려고 노력하시죠."
> 한 아이는 "저는 아버지께서 어렸을 때부터 영어로 된 책을 읽어 주셨어요. 지금은 해리포터 영문판도 어느 정도 읽을 수 있어요."라는 답을 했다.
> 이것으로 보아 영어를 잘하는 비결은 부모가 아이와 함께 얼마나 노력했느냐에 따라 달라지는 것으로 보인다.

〈제시된 문단〉

영어를 잘하는 아이에게 비 결을 꼭 물었다. "저요? 음, 저는 어머니께서 영어를 잘하세요. 저와 매일 영어로 노력하시죠." 한 아이는
"아버지께서 어렸을 때부터 영어로 된 책을 읽어 주셨어요. 지금은 포터해리 영문판도 어느 정도 읽을 수 있어요."라는 답을 했다.
이것으로 영어를 확 잘하는 비결은 부모가 함께 아이와 얼마나 노력 했느냐에 따라 달라지는것으로 보인다.

05 교정 부호 - ② 원고지에 교정 부호 연습하기

연습하기

1 원고지에 '제시된 문단'을 교정 부호를 사용해서 주어진 문단처럼 수정해 보세요.

❶
　　이번에 받은 아빠의 월급은 '4,705,480원'이었다. 아빠는 조용히 내 옆으로 와서 "I got something for your birthday."라고 영어로 말씀하셨다.
　　"뭔데요? 뭔데요? 아빠가 내 선물 샀어요?" 나는 기쁨에 차서 아빠에게 물었다. 아빠는 디지털 시계가 '12:00'라고 되어 있는 것을 보고 한 시간만 이따가 알려 주겠다고 하셨다.
　　한 시간 후, 초인종 소리가 "딩동!" 울리고, 내가 그렇게 갖고 싶어 했던 자전거가 택배로 도착했다.

〈제시된 문단〉

	이	번	에		받	은		아	빠	의	월	급	은	
'	47	05	48	0	원	'		이	었	다	.	아	빠	는	조
용	히		내		옆	으	로		싹		와	서		
	"	I		go	t		so	me	th	in	g		fo	r
yo	ur		bi	rt	hd	ay	.	"	라	고		영	어	로	말
씀	하	셨	다	.	"	뭔	데	요	?		뭔	데	요	?
아	빠	가		내		선	물		샀	어	요	?	"		나
는		기	쁨	에		차	서		아	빠	에	게		물	었
다	.	아	빠	는		'	12	:	00	'	라	고		되	어
있	는		것	을		보	고		가	만	히		한		시
간		만		있	다	가		알	려	주	겠	다	고		하
셨	다	.		한		시	간		후	,		초	인	종	소	리
가		"	딩	동	!	"		울	리	고	,		내	가		그
렇	게		갖	고	싶	어		했	던		자	전	거	가	
택	배	로		도	착	했	다	.							

2

"악! 또 비가 오고 있어."

수찬이는 비가 오는 하늘을 원망하듯이 바라보고 있다. "우리나라는 연평균 강수량의 절반 이상이 여름에 집중돼."라고 형이 방을 나오면서 말했다. 그러고 나서 "남쪽에서 북쪽으로 갈수록 강수량이 대체로 줄어들어. 대한민국에서 가장 강수량이 많은 곳 중 하나가 네가 살고 있는 여수야."라고 덧붙였다. 형은 IQ 130의 수재였다. 수찬이는 형이 아무 말이나 막 해도 똑똑해 보였다.

"와! 형 최고!"

〈제시된 문단〉

	"	아	악	!		비	가		오	고		있	어	.	"	
수	찬	이	는		비	가	오	는		하	늘	을		바	라	
보	고		있	다	.											
	"	우	리	나	라	는		연	평	균		강	수	량	의	V
절	반		이	상	이		여	름	에		집	중	되	.	"	
라	고		형	이		방	을		나	오	면	서		말	했	
다	.		그	러	고		나	서		"	남	쪽	에	서	조	
금	씩		북	쪽	으	로		갈	수	록		강	수	량	이	V
대	체	로		줄	어	들	어	.		우	리	나	라	에	서	
가	장		강	수	량	이		많	은		곳		중		하	
나	가		네	가		살	고		있	는		여	수	야	.	"
라	고		덧	붙	였	다	.		형	은		I	Q		13	0
의		수	재	였	다	.		수	찬	이	는		형	이		아
무		말	이	나		해	도		천	재	처	럼		보	였	
다	.		"	와	!		형		최	고	!	"				

직접 써 보기

1 '우리나라의 기온'에 대해서 브레인스토밍해 보세요.

> 여름 덥다, 겨울 춥다, 남쪽 따뜻함, 북쪽 추움

2 위에 쓴 내용을 바탕으로 다음 개요를 채워 보세요.

우리나라 기온의 전체적인 특징	
지역에 따른 기온의 특징	
기온에 따른 의·식·주의 특징	

3 개요를 바탕으로 아래에 한두 문단 정도의 글을 써 보세요.

4 옆에 완성한 글을 원고지에 옮겨 적어 보세요.

5 글을 다시 한번 읽고, 고쳐야 할 부분이 있다면 교정 부호를 사용해서 원고지의 내용을 고쳐 보세요.

5단원

장르 및 목적에 따라 글쓰기 (1)

이것을 배워요!

이번 단원에서는 지금까지 배운 일기나 편지, 생활문을 좀 더 구체적으로 써 보는 연습을 해요.

새롭게 배우는 글로 기행문이 있어요. 기행문에는 여정(다닌 곳), 견문(보고 들은 것), 감상(생각이나 느낌)이 들어가요. 여기에 더해서 장소나 유적, 유물 등을 설명하는 정보 전달적인 내용이 들어가기도 하지요. 이러한 기행문을 직접 써 보는 연습을 해 봐요.

마지막으로 앞에서 쓴 여러 가지 글(일기, 편지, 생활문, 기행문)을 '이야기'로 바꾸어 쓰는 연습을 할 거예요. 우리가 창작하는 이야기는 경험한 내용을 토대로 쓰는 경우가 많아요. 우리가 실제 경험한 일에 등장인물을 추가하거나 새로운 사건을 창작해서 쓰는 경우가 대부분이지요. 우리가 실제로 경험한 일을 재미있는 이야기로 바꾸어 쓰는 연습을 해 봐요.

01 일기 쓰기

알아 두기

일기는 '매일의 사건을 적는 기록'이라는 특수한 목적이 있지만 결국은 '생활문'의 한 종류라고 할 수 있어요. 그러므로 좋은 일기는 겪은 일에 대한 생각이나 느낌이 구체적으로 들어가지요. 물론, 짧아도 마음에 와닿는 일기를 썼다면 그것 자체로 좋은 일기라고 할 수 있어요. 매일 쓰는 일기를 구체적으로 자세하게 쓰려고 노력하다 보면 언젠가는 훌륭한 글을 쓸 수 있을 거예요. 여기서는 자신에게 일어났던 일과 그에 대한 생각이나 느낌을 일기에 구체적으로 써 봐요.

연습하기 [1~4] 〈보기〉처럼 일기의 글감을 떠올리고, 미인드맵이나 개요를 작성한 후 일기를 구체적으로 써 보세요.

〈브레인스토밍〉

몰래카메라, 창문 너머, 남녀, 싸움, 독서, 경찰, 주의, 무서움, 주먹, 신고, 피해자, 가해자, 고등학생, 얼빠지다, 정의, 학교 폭력, 심장, 두근대다

〈개요 짜기〉

보기

쓰고 싶은 글감	고등학생 남녀가 싸우는 장면을 카메라로 찍은 일
일어난 일	남자, 여자가 큰 소리를 내며 싸움 남자가 여자를 손찌검함 가만 있을 수가 없어서 그 모습을 카메라로 촬영함 경찰 등장 남자가 누군가 카메라로 몰래 찍는 것 같다고 경찰에 신고 경찰에게 경위를 설명 경찰은 몰래카메라를 찍는 행동은 안 된다고 주의를 줌 여자를 때린 남자는 경찰과 함께 경찰차를 타고 사라짐
그 일에 대한 생각이나 느낌	정의감에 불타올랐지만 막상 우리 집에 경찰이 오자 당황스러웠다. 남자가 경찰에게 붙잡혀 갔지만 해코지를 당할까 봐 두려웠다.
반성	이런 일이 있을 때 몰래카메라로 찍는 것은 좋지 않다. 카메라로 찍기보다는 바로 경찰에 신고해야겠다. 부모님께 이번 일을 자세히 말씀드려야겠다.

〈글쓰기〉

　　집에 들어와서 물을 마시고 있었다. 그때 베란다 밖에서 시끄러운 소리가 들려왔다. 무슨 일인지 궁금해서 밖을 내다보자, 남자와 여자가 다투는 장면이 눈에 들어왔다. "딱!" 여자가 갑작스레 남자의 뺨을 때리고 남자가 들고 있는 스마트폰을 뺏으려고 했다. 남자는 안 뺏기려고 기를 쓰다가 갑자기 여자에게 주먹을 쓰기 시작했다. 우리 집은 7층이고, 남녀가 있는 곳은 구석진 장소여서 그쪽에는 지나다니는 사람이 없었다. 남자의 폭행이 심해지고, 이제 남자는 발까지 쓰기 시작했다. 힘이 센 남자가 여자를 일방적으로 때리는 것처럼 보였다.

　　나는 가만히 있을 수 없었다. 증거를 남기려고 그 장면을 몰래 스마트폰 카메라로 촬영했다. 그런데 남자가 눈으로 자꾸 이쪽을 보는 듯한 느낌이 들었다. 나는 경찰에 신고해야 할지 말지 고민이 되었다. 조금 시간이 지나고 여자가 큰 소리로 울었고, 남자는 스마트폰으로 누군가와 통화하기 시작했다.

　　"삐오삐오!" 경찰이 등장했다. '휴, 그래도 누군가 보고 신고했나 보다.' 나는 마음을 진정시켰다. 잠시 후, "딩동!" 우리 집 벨이 울렸고, 집 앞에 등장한 사람은 놀랍게도 경찰이었다. 경찰은 나에게 밖에 있던 사람들을 몰래카메라로 찍었는지 물었다. 나를 신고한 사람은 바로 여자를 때리고 있던 남자였던 것이다. 나는 당황해서 말을 더듬거렸다. 하지만 경찰도 여자가 폭행당한 듯한 흔적을 발견했고, 카메라로 찍은 상황을 자세히 설명해 달라고 말해서 사건의 경위를 구체적으로 말씀드렸다. 경찰은 고개를 끄덕였다.

　　"그래도 동의 없이 다른 사람을 카메라로 함부로 찍는 행동은 불법입니다. 그런 일이 발생하면 반드시 경찰에 신고를 부탁드립니다. 영상은 삭제해 주세요. 다른 문제는 저희가 알아보고 처리하겠습니다."

　　늠름한 경찰의 말투에 감동했다. 몰래카메라로 그 모습을 찍었던 내 모습이 창피하게 느껴졌다. 경찰은 내 이름과 학교, 어머니 연락처를 물어봤고, 나는 성실히 답했다. 조금 후에 경찰은 남자와 여자를 경찰차에 태우고 사라졌다.

　　막상 정의감에 불타올라서 카메라로 그 상황을 촬영했지만, 그것이 잘못된 일임을 깨달았다. 카메라로 찍기보다는 경찰에 신고했다면 위험한 일이 일어나지 않았을 것 같다. 또, '그 남자가 우리 집을 알고 보복하면 어떻게 하지?'라는 두려운 마음이 들었다. 집에 계시지 않았던 부모님께 자세히 말씀드리고 어떻게 하면 좋을지 함께 고민해 봐야겠다.

　　인생을 살면서 이런 큰일은 처음이었다. 요새는 세상이 무서워져서 사건에 휘말리는 것은 좋지 않다고 다들 말한다. 하지만 그런 일을 보고, 무서워서 못 본 체한다면 그 여자가 더 큰 위험에 처할 수도 있겠다는 생각이 들었다. 나를 지키면서 누군가를 도울 수 있는 더 좋은 방법을 찾아봐야겠다. 많은 것을 느낀 하루였다.

1 하루 동안 겪은 모든 일을 생각나는 대로 브레인스토밍해 보세요.

2 그중에서 가장 인상 깊은 일을 쓰고 그때의 생각이나 느낌을 정리해 보세요.

인상 깊은 일	
생각이나 느낌	

3 위에 쓴 내용을 표현하고 싶은 일기 형식에 ○표 해 보세요.

이야기   편지   동시   그림   만화   인터뷰   상장   그 외 (   )

4 위에서 선택한 형식에 맞게 '마인드맵이나 개요'를 작성한 후, 일기를 써 보세요.

02 편지 쓰기

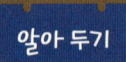 목적에 따라 초대, 안부, 위문, 감사, 축하, 알림 등 다양한 편지가 있어요. 편지가 쓴 목적을 달성하는 데 효과적이었다면 좋은 편지를 썼다고 할 수 있지요. 편지에 상대방의 마음을 움직일 수 있는 힘이 있으려면 진심을 다해서 쓰는 것이 중요해요. 여기서는 자신이 편지를 쓰고 싶은 상대의 마음을 생각해서 진심을 전하는 편지를 써 봐요.

연습하기 [1~4] 〈보기〉처럼 편지의 글감을 떠올리고, 마인드맵이나 개요를 작성한 후 편지를 구체적으로 써 보세요.

〈브레인스토밍〉 - 누구에게 무슨 일에 대해서 편지를 쓰고 싶나요?

어버이날 감사 편지, 동생에게 싸우지 말자는 편지, 역사책 작가에게 역사를 어떻게 공부해야 하는지 묻는 편지, 교장 선생님께 급식실 운영에 대해 건의하는 편지, 결혼하는 이모에게 축하 편지

〈개요 짜기〉

보기

받을 사람	△△△ 작가님께
첫인사	〈△△△의 조선왕조실록〉이란 책을 재미있게 읽었다.
전하고 싶은 말	역사를 더 알고 싶음 역사 공부를 잘할 수 있는 방법 올바른 역사관을 갖기 위한 방법 역사적 사실에 대한 다양한 의견을 해석하는 방법
끝인사	앞으로도 선생님께 많은 역사적 지식을 배우고 싶다.
쓴 날짜	20○○년 10월 9일 한글날
쓴 사람	역사학자가 되고 싶은 지혜 올림

〈글쓰기〉

나의 역사 멘토 △△△ 작가님께

안녕하세요? △△△ 작가님. 이번에 작가님께서 쓰신 〈△△△의 조선왕조실록〉을 읽고, 역사를 공부하는 방법에 대한 작가님의 의견을 듣고 싶어서 이렇게 편지를 쓰게 되었어요.

사실 저는 역사에 관심이 아주 많아요. 어렸을 때부터 부모님께서 역사와 관련된 책을 많이 읽어 주셔서 그렇게 된 것 같아요. 선생님께서 쓴 한국사, 세계사 대모험도 몇 번이나 되풀이해서 읽었답니다.

그런데 요새 역사책을 읽으면서 몇 가지 고민이 생겼어요. 제 고민에 대해서 작가님께서는 어떻게 생각하시는지 궁금해요. 혹시 기회가 되신다면 편지를 읽고 답장해 주시면 감사하겠습니다.

먼저, 역사라는 것이 방대한 양을 가진 학문이더라고요. 역사를 깊이 있게 공부하고 싶은데, 제가 알고 싶은 만큼 역사를 공부할 수 있을지 걱정이 많이 돼요. 수많은 역사를 어떻게 공부해야 할까요? 역사를 잘하고 싶은 마음이 커서 그런지도 모르겠지만 저는 세계의 모든 역사에 통달하고 싶어요. 물론 역사책을 열심히 읽고, 또 써야겠지요. 하지만 여러 가지 역사를 효과적으로 공부하기 위한 방법을 선생님께 듣는다면 제가 세운 목표에 조금은 쉽게 접근할 수 있을 것 같아요.

두 번째 고민은 요즘 많이 드는 생각인데요. 한 가지 역사적 사실에 대한 여러 사람의 다양한 의견을 어떻게 받아들여야 할지 모르겠어요. 엄마는 우선 사실만 받아들이고, 어느 정도 나이가 든 후에 평가를 내려도 늦지 않다고 하세요. 하지만 책을 읽으면서 그 역사적 사실에 대해 제 마음속에서 이미 해석과 평가를 내리게 되는 것을 피할 수 없어요. 작가님, 제가 역사적 사실을 어떻게 받아들여야 할까요? 혹시 작가님은 이 문제에 대해서 어떻게 생각하시나요?

갑자기 작가님께 질문만 드려서 당황하실 수도 있겠어요. 〈△△△의 조선왕조실록〉을 다시 읽으면서 작가님의 강의도 꼭 들어 보려고 해요. 앞으로도 여러 가지 재미있는 역사적 사실을 들려주는 책을 많이 써 주세요. 선생님, 긴 글 읽어 주셔서 감사합니다. 앞으로도 작가님께 좋은 일만 가득하면 좋겠습니다. 안녕히 계세요.

20○○년 10월 9일 한글날
작가님처럼 역사학자가 되고 싶은 지혜 올림

1 누구에게 무슨 일에 대해 편지를 쓰고 싶은지 생각나는 대로 브레인스토밍해 보세요.

2 누구에게 편지를 쓸 건가요?

3 편지를 쓰는 목적에 ○표 해 주세요.

| 축하 | 위로 | 위문 | 감사 | 사과 | 초대 | 문의 | 알림 | 부탁 | 그 외 (   ) |

4 위에서 선택한 편지의 목적에 맞게 '개요'를 작성한 후, 편지를 써 보세요.

받을 사람	
첫인사	
전하고 싶은 말	
끝인사	
쓴 날짜	
쓴 사람	

03 생활문 쓰기

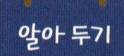 **알아 두기**

생활문은 '일상생활에서 일어난 일을 적은 글'을 의미해요. 앞에서 이야기했듯이 일기와 생활문은 비슷해요. 일기가 하루 동안 일어났던 일 중 인상 깊은 일을 적는 활동이라면 생활문은 자신이 겪은 일 중 인상 깊은 일을 선택해서 쓰는 거라고 할 수 있지요. 그리고 일기가 자기 자신의 기록이나 반성을 위한 글이라면 생활문은 다양한 독자에게 공개하는 글이라는 차이점이 있어요.

연습하기 [1~4] 〈보기〉처럼 겪은 일을 떠올리고, 마인드맵이나 개요를 작성한 후 생활문을 구체적으로 써 보세요.

〈계획하기〉

글을 쓰는 목적	친구들에게 내가 여름 방학에 한 일을 알려 주고 싶다.
글을 읽는 독자	같은 반 친구들(특히 나의 가장 친한 친구 영지)
글의 주제	프랑스 파리에서의 일주일

〈브레인스토밍〉

중국동방항공, 광저우 경유, 샤를드골 공항, 바토무슈 유람선, 에펠탑, 몽마르트르 언덕, 소매치기, 불쌍한 아빠, 개선문, 루브르 박물관, 샹젤리제 거리

보기 〈마인드맵 구성하기〉

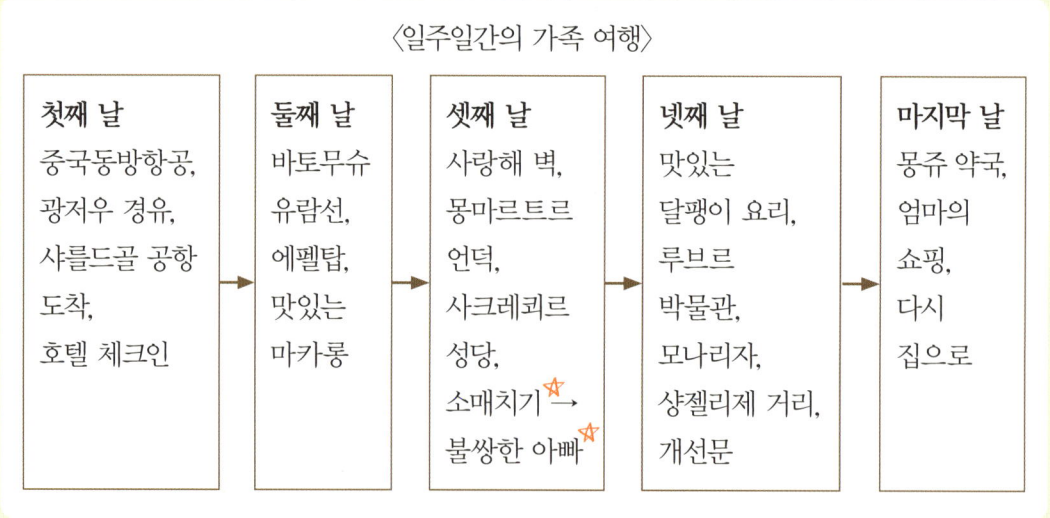

〈글쓰기〉

안녕? 얘들아, 이번 여름 방학에 나는 가족과 함께 파리 여행을 다녀왔어. 그 여행에서 보고 느낀 점을 너희와 나누고 싶어 이렇게 글을 써. 재미있게 읽어 주면 좋겠어.

사실 파리에 가는 게 쉽지 않았어. 비행기 표가 엄청 비쌌거든. 그래도 가족이 함께 유럽 여행을 하는 것도 뜻깊은 일이라는 생각에 파리에 가는 것을 결정하게 되었어. 가기 전에 유럽의 역사에 대해서 공부를 많이 했어. 그중에서도 프랑스의 역사와 유적, 유물에 대한 책을 많이 읽었던 것 같아. 비행기 티켓값이 비쌌기 때문에 우리 가족은 중국동방항공을 타고 광저우를 경유해서 가는 비행기를 탔어. 경유라는 게 무슨 말인지 몰랐는데 다른 나라의 공항에 가서 새로운 비행기를 타기 위해 기다리는 과정이었어. 기다리는 시간이 길어서 힘들었지만 그래도 파리에 간다는 설렘이 있었어.

샤를드골 국제공항에 도착하자 드디어 프랑스에 왔다는 실감이 났어. 온통 외국인뿐이었거든. 그래도 조금 놀란 것은 한국인도 많았다는 거야. 여행 온 사람 중에 한국어를 쓰는 사람이 많더라고.

호텔에 체크인하고 여러 곳을 여행했어. 파리를 가로지르는 센강에서 바토무슈 유람선을 타고 파리 전체의 모습도 보고, TV에서만 보던 에펠탑도 가 봤어. 그리고 미식의 나라답게 맛있는 음식도 많더라. 특히 마카롱과 달팽이 요리가 기억에 남아. 마카롱은 한국에도 많지만 파리에서 먹으니까 더 달콤한 것 같았어. 달팽이 요리는 처음에는 못 먹는다고 엄마에게 소리쳤지만 먹으니까 담백하고 고소하더라. 너희도 꼭 한 번 먹어 보길 바라.

사실 가장 기억에 남는 일은 따로 있었어. 바로 아빠가 소매치기를 당한 일이야. 파리는 소매치기가 많다고 아빠가 나에게 조심하라고 신신당부를 하셨는데 아빠가 소매치기를 당한 거야. 우리 가족은 몽마르트르 언덕에서 파리의 아름다운 전경을 보고 내려오는데 거리에 사람이 너무 많더라고. 길을 걷다가 사람들과 부딪히는 과정에서 소매치기를 당한 것 같아. 아빠는 정신없이 걷는 도중에 지갑을 소매치기당했다고 억울해하시더라. 그래도 다행인 것이 옷 안에 맨 스냅백 속의 귀중품은 소매치기당하지 않았다는 거야. 주머니 속에 든 약간의 돈과 교통카드(나비고)만 잃어버려서 천만다행이었지. 들으니까 파리에는 소매치기가 많아서 스마트폰이나 노트북과 같은 고가의 제품을 절대 함부로 들고 다니면 안 된다고 해. 그러니까 너희도 외국에 나간다면 소매치기를 꼭 조심해. 알겠지?

휴, 나보다 유럽에 대해서 더 많이 아는 친구들이 있을 텐데 이렇게 글을 읽어 줘서 고마워. 루브르 박물관에서 모나리자를 멀리서 바라본 일과 샹젤리제 거리의 고급 승용차, 개선문까지 이야기할 게 많지만 그것은 다른 글에서 다뤄야겠어. 나의 파리 여행은 엄마의 몽쥬약국 쇼핑과 함께 마쳤어. 그 쇼핑도 즐거운 일이었어. 너희는 여름 방학에 무엇을 했니? 다른 친구들의 얘기도 듣고 싶어.

1 자신이 겪은 일과 관련된 낱말에 ○표 해 보세요.

| 애완동물 | 친구 | 여행 | 가족 | 친척 | 운동 | 소풍 | 책 |
| 계절 | 학교 | 선생님 | 시골 | 옷 | 머리 | 공부 | 학원 |

2 위에 ○표 한 낱말을 떠올리면 생각나는 경험을 브레인스토밍해 보세요.

3 브레인스토밍한 내용을 마인드맵으로 정리해 보세요.

4 글을 쓰기 전에 글을 쓰는 목적과 독자, 글의 주제를 생각한 후, 생활문을 써 보세요.

글을 쓰는 목적	
글을 읽는 독자	
글의 주제	

04 기행문 쓰기

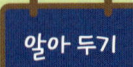 기행문은 사전에 '여행하면서 보고, 듣고, 느끼고, 겪은 것을 적은 글'이라고 나와 있어요. 기행문에는 '여정, 견문, 감상'이 구체적으로 들어가야 해요. '여정'은 여행하면서 다닌 곳, '견문'은 여행하면서 보고 들은 것, '감상'은 여행하면서 생각하거나 느낀 것을 말하죠. 기행문은 여정 속에서 경험한 '견문'이나 '감상'을 보태어 쓴 글이라고 할 수 있어요. 여기서는 '여정, 견문, 감상'이 무엇인지 알고, 직접 기행문을 써 보는 연습을 해 봐요.

연습하기 [1~2] 다음 기행문을 읽고, 물음에 답하세요.

얼마 전 가족과 함께 서울의 중심 광화문 광장에 다녀왔다. 우리 가족은 지하철을 타고 광화문 역에 내려서 천천히 광화문 광장을 따라 걸었다. 광화문 광장은 서울 시내 한가운데에 넓게 펼쳐져 있어서 내 가슴이 뻥 뚫리는 것 같았다. 광화문 광장에서 북쪽을 바라보자 광화문과 멀리 인왕산이 보였다. 아빠는 광화문 광장의 남쪽으로 쭉 뻗은 도로에 보이지는 않지만 서울 시청과 남대문이 있다고 말해 주었다. 광장에 늠름하게 서 있는 이순신 장군과 우리에게 손을 뻗은 세종대왕 동상이 광화문 광장을 한층 위엄 있게 만들어 주었다.

광화문 앞에 섰을 때 나는 광화문의 크기에 압도당했다. 사실 광화문은 여러 차례 복원되어 지금의 모습이 되었다고 한다. 임진왜란과 6·25전쟁으로 훼손된 광화문은 우리 민족의 얼이었기에 옛 모습을 지켜야 한다는 목소리가 컸다. 그래서 1968년 정부는 광화문을 처음으로 콘크리트로 복원했지만 왜곡된 축과 위치까지 바로잡지 못했다. 그러던 것이 2006년부터 문화재청의 주도하에 광화문을 원래대로 되돌리기 위한 진정한 복원 사업이 이루어지게 되었다. 월대와 해태 등은 제외되었지만 옛 모습을 거의 되찾은 광화문이 2010년 광복절, 대중 앞에 공개되었다.

이러한 여러 가지 이야기를 담은 광화문을 바라보자 감회가 새로웠다. 광화문 앞에 서 있는 위엄 있는 장수들은 우리 대한민국의 위상을 높여 주는 것만 같은 느낌이 들었다. 날씨가 좋아서 광화문 광장과 광화문, 그 위에 파란 하늘을 바라보는 내 마음이 한층 편안해졌다.

광화문 광장과 광화문은 우리 민족이 수백 년간 가꾸어 온 대한민국의 중심이라고 할 수 있다. 이 장소에서 우리 가족이 함께 웃고 즐길 수 있는 것은 조상들이 대한민국을 지키기 위해 노력했기 때문이라고 할 수 있다. 나도 앞으로 성장해서 이 광화문 광장과 광화문을 자식들에게 평화롭게 남겨 줄 수 있는 훌륭한 사람이 되고 싶다.

1 '다닌 곳, 보고 들은 것, 생각하거나 느낀 것'에 관련된 문장을 찾아 적어 보세요.

여정 (다닌 곳)	• 얼마 전 가족과 함께 서울의 중심 광화문 광장에 다녀왔다. • _____
견문 (보고 들은 것)	• 아빠는 광화문 광장의 남쪽으로 쭉 뻗은 도로에 보이지는 않지만 서울 시청과 남대문이 있다고 말해 주었다. • _____
감상 (생각하거나 느낀 것)	• 광장에 늠름하게 서 있는 이순신 장군과 우리에게 손을 뻗은 세종대왕 동상이 광화문 광장을 한층 위엄 있게 만들어 주었다. • _____

2 기행문에서 쓴 광화문 광장의 모습을 그림으로 나타내 보세요.

> **하나 더!**
> '묘사'란 '어떤 대상이나 사물, 현상 따위를 언어로 서술하거나 그림을 그려서 표현함'을 뜻해요. 기행문에는 장소나 사물, 경치 등을 묘사하는 것이 중요해요. 기행문을 쓸 때 여행 중에 보고 들은 것과 느낌을 자세히 묘사한다면 읽는 사람이 그곳을 떠올릴 수 있는 글이 완성될 수 있어요.

직접 써 보기 [1~4] 앞에서 배운 것을 토대로 기행문을 작성해 보세요.

1 여행 갔던 곳과 글을 읽을 사람, 그곳에 갔던 이유를 적어 보세요.

여행 갔던 곳	글을 읽을 사람	그곳에 갔던 이유

2 여행지의 여정을 〈보기〉처럼 그림으로 나타내 보세요.

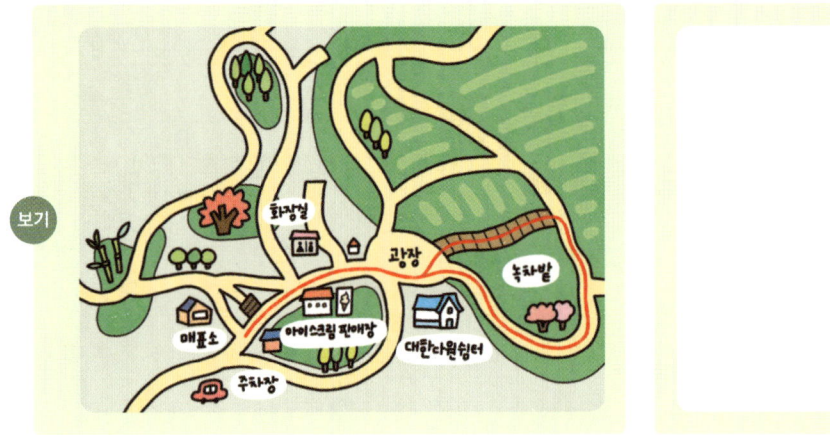

3 위의 그림을 참고해서 기행문의 여정, 견문, 감상을 마인드맵으로 나타내 보세요.

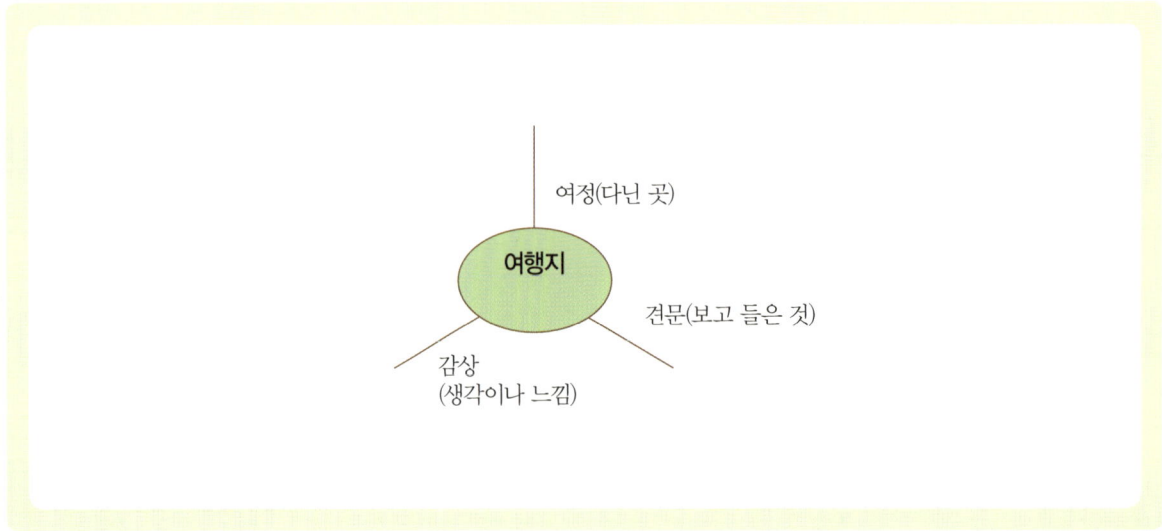

4 앞에 정리한 내용을 토대로 〈보기〉처럼 글을 써 보세요.

> **보기**
>
> 5월 가정의 달, 우리 가족은 며칠 휴가를 내서 전라남도 보성에 다녀왔다. 우리나라 녹차의 수도라 불리는 보성은 5월에 녹찻잎이 풍성하고, '보성다향대축제'가 열리기 때문에 이미 사람들이 끊임없이 찾는 뜨거운 장소였다. 우리는 보성 녹차밭 중에서도 가장 넓다는 대한다원으로 들어갔다. 처음에는 '이 땡볕에 녹차밭을 봐서 뭐 하나?'라는 생각이 들었지만 다원은 녹차밭만 있는 게 아니었다. 녹차밭으로 가는 길에 줄지어 서 있는 아름드리나무들과 졸졸 흐르는 계곡물 소리, 그 장소를 지나면 펼쳐져 있는 층층의 녹차밭. 그곳에서 나는 녹차 향 때문에 머리가 개운해지는 착각이 들 정도였다. 주위에는 대나무, 단풍나무, 삼나무 등 다양한 나무가 자라고 있었고, 새들이 지저귀는 소리가 마치 나에게만 속삭이는 것처럼 느껴졌다. 제일 좋았던 것은 녹차 셰이크와 아이스크림! 넓은 공간을 걷고 돌아온 나에게 셰이크와 아이스크림은 최고의 별미였다. 나중에 사람도 없고 선선한 날씨에 녹차밭을 다시 찾아서, 천천히 걸으며 여유 있게 구경하고 싶다.

05 경험을 이야기로 표현하기

 경험을 이야기로 바꾸어 쓸 때 다른 아이들이 관심을 가질 만한 내용으로 써야 해.

 이야기는 창작이 기본이기 때문에 내가 겪은 일을 꼭 사실대로만 적을 필요는 없어. 필요하다면 상상해서 지을 수도 있다고 생각해.

 사건의 순서를 뒤바꿀 수도 있고, 등장인물을 추가하거나 삭제해서 더 재미있는 글을 쓸 수 있도록 노력할 거야.

알아 두기 우리가 읽는 많은 이야기는 실제 세계를 바탕으로 창작해서 지은 글이 대부분이에요. 현실에서 일어날 수 없는 일을 소재로 한 작품들도 있지만 거기에 나오는 등장인물이 하는 말이나 행동, 일어나는 사건들은 실제 세계에서 볼 수 있는 일을 근거로 지어 내지요. 실제 세계를 기반으로 이야기를 쓰지 않으면 이야기는 독자의 공감을 얻을 수 없어요. 여기서는 앞에서 썼던 일기, 편지, 생활문, 기행문의 글 중에서 한 가지를 선택해서 그것을 '이야기'로 바꾸어 써 보는 연습을 해 봐요.

연습하기 [1~2] '문자 메시지'와 이를 변형한 '이야기'를 읽고, 물음에 답하세요.

〈문자 메시지〉

영수 담임 선생님께.
선생님, 안녕하세요? 영수 엄마입니다. 시계가 고장 나서 정신없이 자다가 지금 일어났네요. 빨리 영수를 씻기고 학교에 보내겠습니다. 죄송합니다.

〈이야기〉

　갑자기 엄마가 나를 흔들어 깨웠다. "영수야, 큰일이야! 지각이다!" 시계를 보니 아직 7시 30분이었다. "엄마, 시계 좀 봐 봐. 7시 30분이야. 조금 더 잘게." 그렇게 말하고 다시 스르르 잠들었지만 엄마는 크게 외쳤다. "시계가 고장 났어!" 엄마의 외침에 나는 깜짝 놀라 눈을 번쩍 떴다. 아빠, 동생, 엄마 모두 얼빠진 표정이었다. **"안돼!!!!"** 오늘은 그렇게 고대하던 소풍날이었다. 나는 비명을 지르며 화장실로 달려갔다. 하지만 아빠가 먼저 화장실에 들어가 있었다. "아빠, 안 돼! 나 오늘 소풍이란 말이야." 아빠는 눈을 동그랗게 뜨며 답했다. "아빠는 출근이야! 부장님은 정말 무서운 분이야!" 우리 집은 혼돈의 도가니였다. 결국 나는 주방에서 세수를 시작했다.

1 문자 메시지와 이야기의 공통점과 차이점을 아래 벤다이어그램에 적어 보세요.

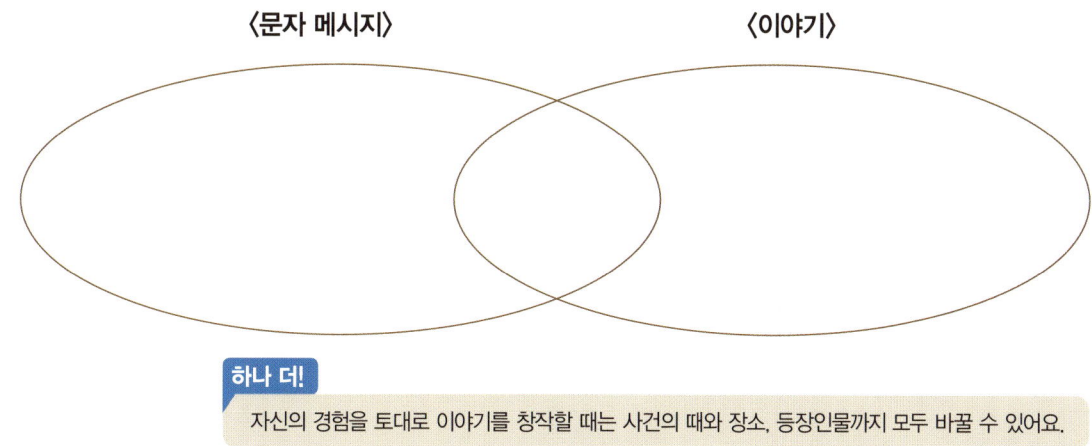

〈문자 메시지〉　　　　　〈이야기〉

하나 더! 자신의 경험을 토대로 이야기를 창작할 때는 사건의 때와 장소, 등장인물까지 모두 바꿀 수 있어요.

2 '지각'이라는 경험을 '선생님의 입장'에서 새롭게 이야기를 만들어 보세요.
(사건의 흐름, 등장인물, 인물의 성격 등을 스스로 창작해서 재미있는 글을 써 봐요.)

　　오늘도 기분이 싸했다. 지각하지 말라고 몇 번이나 주의를 줬는데 누군가 꼭 늦게 올 것 같은 기분이 들었다. 8시 45분이 지났다. 아직 안 온 아이들이 5명. 그때였다. '딩동!' 문자 메시지가 한 통 도착했다.

직접 써 보기 [1~3] 앞에서 자신이 썼던 글 중에서 한 가지를 선택하여 이야기로 바꾸어 보세요.

1 앞에서 썼던 글 중 어느 글을 바꿀지 정하고, 이야기의 제목을 〈보기〉처럼 적어 보세요.

〈보기〉 파리의 소매치기

2 이야기의 개요를 〈보기〉처럼 작성해 보세요.

〈보기〉

주제		물건을 소중히 하자. 물건을 잘 간수하자.
등장인물	나	정의감에 불타는 열혈 어린이
	아빠	즐겁고 활달하지만 덤벙대는 성격
	소매치기	약삭빠르고, 눈치를 봄
이야기 흐름	발단	몽마르트르 언덕의 사크레쾨르 대성당에 다다른 우리 가족
	전개	사람이 많아지면서 정신이 없음
	절정	소매치기가 다가와 아빠의 주머니에 손을 넣음. 소매치기의 모습이 내 눈에 띔. 나는 아빠에게 위험을 알림
	결말	우리나라의 태권도를 선보임으로써 소매치기를 물리침

3 앞의 개요를 바탕으로 자신의 경험을 〈보기〉처럼 이야기로 바꾸어 보세요.

> 〈보기〉
>
> 싹! 싹! 누군가의 손이 아빠의 주머니를 뒤졌다. "Wait! What's up?" 나는 아빠의 주머니에 손을 넣는 소매치기를 보며 크게 외쳤다. 그는 아무렇지도 않은 듯 나를 빤히 쳐다봤다. 그때부터 내 입에서 한글이 마구 튀어나왔다. "아빠! 소매치기야!" 다른 곳을 바라보고 있던 아빠는 그제서야 소매치기를 발견했다. 아빠는 소매치기의 손을 쳐내려고 안간힘을 썼다. 그때 나는 소매치기를 향해 태권도의 품세를 정확히 취했다. "헉!" 무술의 고수인 나를 알아본 소매치기는 두려움에 질린 듯했다. 발을 허공으로 세 번 가르자 그는 정신없이 줄행랑을 치기 시작했다. 아빠는 나를 바라보며 감탄의 눈빛을 보냈다. "영수야, 네가 그렇게 태권도를 잘하는 줄 몰랐어." 아빠는 나를 바라보며 감탄의 눈빛을 열렬히 보냈다. 서로 웃으며 몽마르트르 언덕을 내려가던 중, 아빠가 외쳤다. "악! 내 지갑!" 아빠는 이미 다른 소매치기에게 지갑을 잃어버린 뒤였다. 소매치기가 한 명이 아니었던 것이다. 우리 가족은 허탈한 웃음을 지었다. 하지만 가장 우울한 사람은 역시 아빠였다. 유럽의 소매치기, 다음에 다시 만나면 용서치 않겠다. 태권도 자세를 취하며 마음속으로 다짐했다.

6단원

장르 및 목적에 따라 글쓰기 (2)

이것을 배워요!

설명하는 글을 쓰려면 기본적으로 자신이 이미 알거나 조사한 내용을 쉽게 간추릴 수 있어야 해요. '문단의 중심 문장을 찾아서 하나로 잇기, 전체와 부분의 관계, 원인과 결과, 순서에 따라 정리하기' 등 다양한 '내용 간추리기(요약하기)' 방법이 있어요. 이것은 마인드맵의 연장선이라고 할 수 있지요. 여기서는 이러한 다양한 간추리기 방법을 통해 줄거리를 쓰는 연습을 해 볼 거예요. 그러고 나서 육하원칙에 맞춰서 기사문을 쓰거나 체험 학습 계획표를 실제로 작성해 봐요.

설득하는 글을 쓰기 위해서 '적절한 근거' 쓰는 방법을 다시 한번 복습하고, 서론·본론·결론이라는 '설득하는 글의 형식'을 제대로 배워 보는 시간을 갖도록 해요. 또, 찬성이나 반대 의견을 제시할 때 자료를 수집하고 정리하는 방법에 대해서 알아봐요.

01 설명하는 글 – ① 목적·대상에 따라 알맞은 틀 사용하여 쓰기

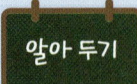 설명하는 글은 여러 가지 틀을 가지고 있어요. 무슨 내용을 설명하느냐에 따라 '비교·대조, 열거하기, 순서대로 쓰기, 전체와 부분' 등 다양한 틀을 사용할 수 있지요. 여기서는 자신이 설명하고 싶은 대상에 따라 설명하는 틀을 바꾸어 가며 간단한 글을 쓰는 연습해 봐요.

연습하기

[1~2] 강아지의 특징에 대해 설명하는 글을 써 보세요. 열거하기

1 다음 '열거하기' 틀의 빈칸에 알맞은 말을 넣어 보세요.

강아지: 개의 새끼를 일컫는 순우리말

❶	강아지는 명랑하고 활달하다. 호기심이 많고 장난을 좋아한다.
❷	
❸	

2 위에 정리한 내용을 바탕으로 빈칸을 채워 글을 완성해 보세요.

　　강아지는 개의 새끼를 일컫는 순우리말입니다. 강아지의 특징에 대해 설명하면 다음과 같습니다. 첫째, 강아지는 명랑하고 활달합니다. 호기심이 많고 장난을 좋아해서 무언가를 물고 뜯는 경우가 많습니다.

[3~4] 스마트폰과 컴퓨터를 비교·대조하는 글을 써 보세요. 비교·대조하기

3 다음 '비교·대조하기' 틀의 빈칸에 알맞은 말을 넣어 보세요.

	스마트폰	컴퓨터
공통점	• 전자기기로 인터넷을 통한 검색이 가능하다. •	
차이점	• iOS나 안드로이드를 운영 체제로 사용한다. •	• 컴퓨터는 대부분 윈도우즈를 운영 체제로 사용한다. •

잠깐만!! iOS나 안드로이드는 각각 애플과 구글에서 만든 운영 체제이고, 윈도우즈는 마이크로소프트에서 만든 운영 체제입니다.

4 위에 정리한 내용을 바탕으로 빈칸을 채워 글을 완성해 보세요.

　　스마트폰과 컴퓨터의 공통점과 차이점에 대해서 알아봅시다. 기본적으로 스마트폰과 컴퓨터는 전자기기로 인터넷을 통한 검색이 가능합니다. _____

_____

　　하지만 스마트폰은 iOS나 안드로이드를 운영 체제로 사용하는 반면, 컴퓨터는 대부분 윈도우즈를 사용하여 프로그램을 운영합니다. _____

_____

_____

01. 설명하는 글 - ① 목적·대상에 따라 알맞은 틀 사용하여 쓰기

[5~6] 보드게임 중 '할리갈리'에 대해 설명하는 글을 써 보세요. 순서대로 쓰기

5 다음 '순서대로 쓰기' 틀의 빈칸에 알맞은 말을 넣어 보세요.

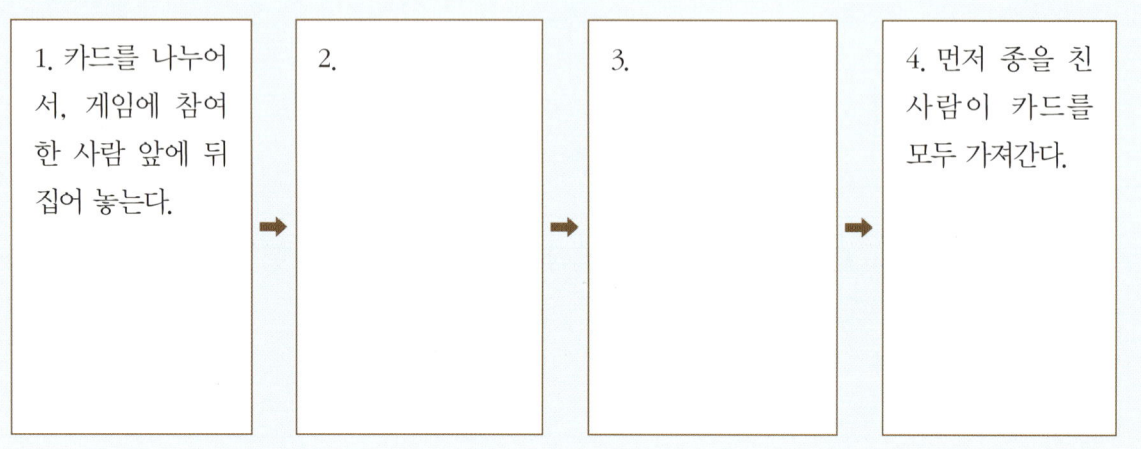

6 위에 정리한 내용을 바탕으로 빈칸을 채워 글을 완성해 보세요.

할리갈리는 모든 사람이 쉽고 재미있게 참여할 수 있는 보드게임입니다. 할리갈리 게임을 하는 순서는 다음과 같습니다. 먼저, 카드를 나누어서 게임에 참여한 사람(3~6명) 앞에 뒤집어 놓습니다.

[7~8] 악기를 전체와 부분으로 설명하는 글을 써 보세요. 전체와 부분으로 쓰기

7 다음 '전체와 부분' 틀의 빈칸에 알맞은 말을 넣어 보세요.

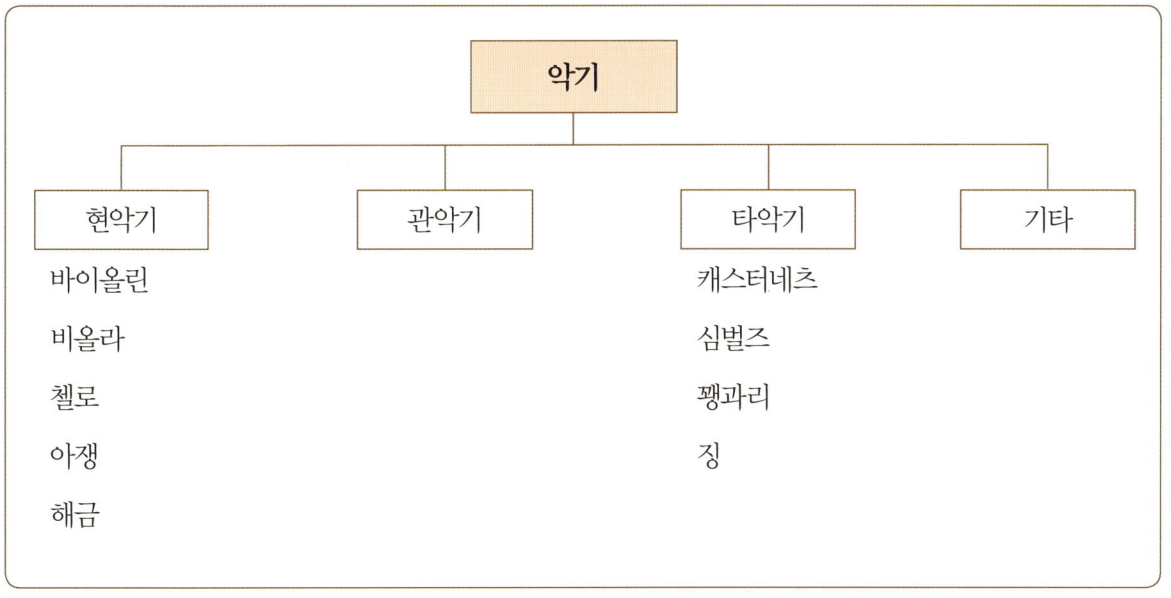

8 위에 정리한 내용을 바탕으로 빈칸을 채워 글을 완성해 보세요.

　사람들은 소리를 음악으로 표현하기 위해 오랜 시간에 걸쳐 다양한 악기를 만들었습니다. 현재도 새로운 소리를 음악으로 나타내기 위해 여러 가지 악기를 만들고 있습니다. 우리는 이렇게 만든 악기를 보통 현악기, 관악기, 타악기 등으로 나눕니다.

02 설명하는 글 – ② 목적·대상에 따라 알맞은 틀 사용하여 쓰기

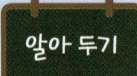 설명하고 싶은 내용이 있나요? 쓰는 사람은 설명하는 글을 쓸 때 설명하고자 하는 대상을 선택하고, 그것을 어떻게 설명할지 기준을 정해요. 그 기준에 따라 설명하고자 하는 대상의 특징을 알기 쉽게 풀어 쓰면 좋은 글이 완성되지요. 설명하고자 하는 대상을 설정하고, 앞에서 배운 여러 가지 틀을 활용하여 직접 설명하는 글을 써 봐요.

직접 써 보기 [1~4] 〈보기〉처럼 설명하고 싶은 대상을 떠올리고, 틀을 작성한 후 설명하는 글을 구체적으로 작성해 보세요.

〈설명하고자 하는 대상〉

하늘에서 북극성을 찾는 방법

〈브레인스토밍〉

북두칠성, 카시오페이아, 북극성의 위치, 북극성이 보이는 곳이 북극임, 다섯 배, 방위, 시리우스, 북극성이 가장 밝은 별은 아님, 별자리, 왼팔 서쪽, 오른팔 동쪽

〈순서대로 쓰기 틀〉

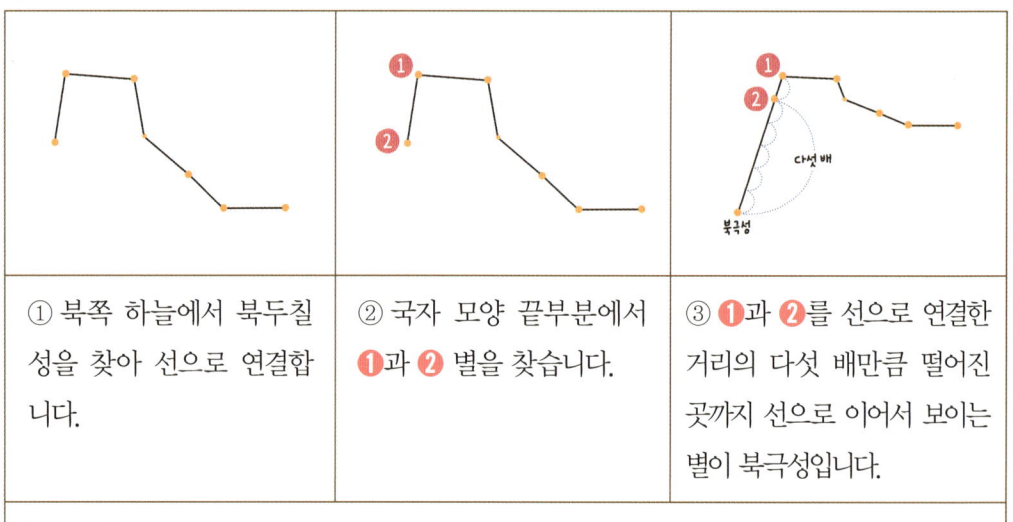

* 북극성이 하늘에서 가장 밝은 별은 아닙니다.
* 북극성을 바라보고 양팔을 옆으로 뻗었을 때 왼팔이 서쪽, 오른팔이 동쪽을 가리킵니다.

⟨글쓰기⟩

　북쪽 하늘에 방향을 잡아 주는 별이 있습니다. 우리는 이 별을 북극성이라고 부릅니다. 북극성은 맨눈으로 잘 보이고, 북극을 가리키는 쪽에 일정하게 위치하기 때문에 북쪽을 찾을 때는 북극성을 활용하는 경우가 많습니다.

　북극성을 찾는 방법 중 가장 많이 알려진 방법은 별자리를 이용하여 북극성을 찾는 방법입니다. 하늘에서 북두칠성 모양을 찾아서 선으로 연결합니다. 국자 모양에 끝부분에 속하는 ❶과 ❷ 두 별을 찾습니다. ❶과 ❷를 연결한 거리의 다섯 배만큼 떨어진 곳에 위치한 별이 바로 북극성입니다.

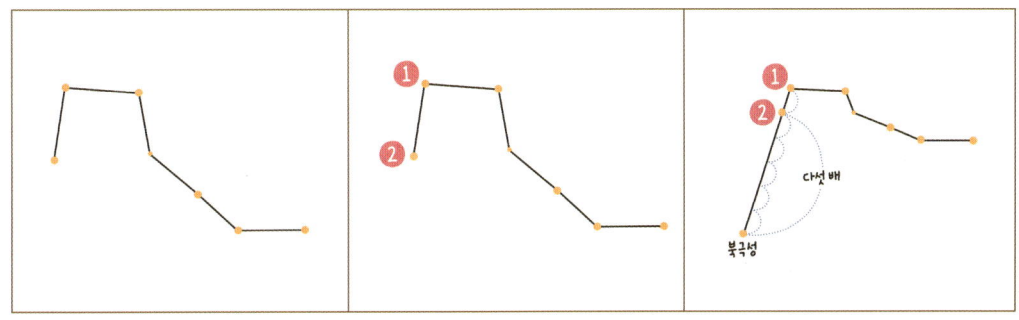

　이렇게 북극성을 찾아서 정면으로 바라보고 두 팔을 벌려 똑바로 섭니다. 북극성이 보이는 곳이 북쪽이고, 왼팔이 가리키는 곳이 서쪽, 오른팔이 가리키는 곳이 동쪽이라고 할 수 있습니다.

　예전에는 바다를 항해하는 배에서 나침반이 없을 때 북극성을 활용하여 위치를 찾는 경우가 많았습니다. 또, 산에서 방향을 헤매거나 조난당했을 때 북극성을 활용하면 일정한 방향으로 걸음을 옮길 수 있습니다.

　많은 사람이 북극성을 하늘에서 가장 밝은 별이라고 알고 있는데 북극성은 북쪽에 가장 가깝게 위치한 별일 뿐 가장 밝은 별은 아닙니다. 하늘에서 가장 밝은 별은 태양이지만 밤하늘에 볼 수 있는 가장 밝은 별은 '시리우스'입니다. 그래서 북극성이 오히려 다른 별보다 어둡게 보인다고 표현하는 사람도 많습니다.

1 설명하고 싶은 대상을 한 가지 선택해서 적어 보세요.

2 위에 적은 대상에 대해 떠오르는 것을 자유롭게 브레인스토밍해 보세요.

3 설명하려는 글의 목적과 독자, 틀을 정해 적어 보세요.

글의 목적	
글을 읽는 사람	
설명하는 방식(틀)	

4 위에서 선택한 틀에 맞춰 설명하는 글의 내용을 간단히 정리한 후, 글을 써 보세요.

03 설명하는 글 - ③ 육하원칙에 맞춰 기사문 쓰기

알아 두기

우리가 주변에서 자주 보는 '설명하는 글'에는 '기사문'이 있어요. 기사문은 '사실을 보고 들은 대로 적은 글'을 뜻해요. 사실을 다른 사람에게 전할 때는 구체적으로 쓰는 게 좋아요. 그래서 기사문을 작성할 때는 '육하원칙'에 맞춰서 글을 써야 해요. '누가, 언제, 어디서, 무엇을, 어떻게, 왜'에 맞추어 기사를 쓰면 다른 사람이 글을 읽을 때 사실 관계를 정확하게 파악할 수 있기 때문이죠. 여기서는 육하원칙에 맞추어 기사문을 쓰는 연습을 해 봐요.

연습하기

1 다음 글을 읽고, 육하원칙에 따라 표를 완성해 보세요.

한국, 스페인 꺾고 아시아 최초로 월드컵 4강 진출!
- 2002 한일 월드컵 쾌거 -

2002년 6월 22일, 한일 월드컵 8강전에서 한국 축구 대표팀은 스페인을 꺾고, 아시아 최초로 월드컵 4강에 오르는 기염을 토했다. 2002 한일 월드컵에서 가장 큰 이변을 기록하고 있는 한국은 거스 히딩크 감독의 지도 아래, D조 예선에서 폴란드와 포르투갈을 누르고, 조 1위로 16강에 진출했다. 그리고 한국은 치열한 승부 끝에 안정환의 헤딩골로 이탈리아를 꺾고, 8강으로 향했다.

오늘 한국 축구 대표팀은 광주 월드컵 경기장에서 세계적인 축구 강국 스페인과 8강전을 치렀다. 연장전까지 가는 접전을 치렀지만 한국과 스페인 두 팀은 골을 기록하지 못했다. 승부차기까지 간 경기는 이운재가 호아킨 산체스의 슛을 막고, 홍명보가 마지막 승부차기를 성공시키며 기나긴 경기에 마침표를 찍었다. 결국 한국이 스페인을 이기고, 4강에 진출하는 쾌거를 달성한 것이다.

누가	
언제	
어디서	
무엇을	
어떻게	
왜	

잠깐만!! '왜'에는 '어떻게' 된 이유를 써요.

2 다음 육하원칙에 따라 작성된 표를 보고, 아래 기사문의 빈칸을 채워 주세요.

누가	인도
언제	2023년부터
어디서	세계에서
무엇을	인구가 가장 많은 나라
어떻게	중국을 제치고 세계에서 가장 인구가 많은 나라가 되었다.
왜	중국 정부가 2022년, 61년 만에 중국의 인구가 줄었다고 공식 발표했기 때문에

인도, _____

— _____, 중국의 인구 추월 —

　인도가 중국을 제치고 _____에 등극했다. 이전까지는 중국의 인구수가 세계에서 가장 많았지만, 2022년 중국 정부가 _____ 공식 발표했다. 이로 인해 2023년부터 인도는 _____에 이름을 올렸다.

　미국 AP통신은 2023년 4월 말 인도 인구가 14억 2,577만 명을 넘어서면서 중국의 인구를 추월할 것으로 예상했다. 그리고 많은 매체에서 인도와 중국의 인구수가 정확하게 집계되기 어렵고, 중국 정부가 2022년 _____ 공식 발표했기 때문에 2023년부터는 인도가 중국의 인구수를 추월했다고 보는 것이 타당하다고 말한다.

　인도는 인구의 절반 이상이 30세 미만으로 젊기 때문에 앞으로 건강한 노동력이 인도의 생산성을 높이고, 소비를 촉진시킬 것이다. 이러한 이유로 21세기 후반에는 인도가 중국을 누르고 더 높은 경제력을 가질 수 있을 것으로 많은 사람이 예상하고 있다.

잠깐만!! 기사문을 쓸 때는 육하원칙에 맞게 글을 작성하고, 좀 더 설명하고 싶은 내용을 덧붙여요.

직접 써 보기

1 기사문으로 작성하고 싶은 내용을 육하원칙에 맞게 〈보기〉처럼 적어 보세요.

보기	누가	대한민국
	언제	2016년
	어디서	에버랜드 판다월드
	무엇을	암컷 아이바오와 수컷 러바오
	어떻게	두 마리의 판다를 중국에서 들여와 공개
	왜	2014년 시진핑 중국 주석의 방한 이후 판다 도입이 거론되었기 때문에

누가	
언제	
어디서	
무엇을	
어떻게	
왜	

2 위에 적은 내용 외에 기사문에 포함하고 싶은 내용을 〈보기〉처럼 적어 보세요.

> 보기 국내에서 최초로 러바오와 아이바오가 자연 번식으로 아기 판다(푸바오)를 출산
> 판다 관리에만 1년에 수십억 원이 들어감

3 앞에 작성한 내용을 토대로 〈보기〉처럼 기사문을 써 보세요.

> **보기**
>
> ### 대한민국의 판다, 아이바오와 러바오 그리고 푸바오까지
>
> 2014년 시진핑 중국 국가 주석의 방한이 이루어졌다. 이때 판다 도입이 거론되었고, 이를 에버랜드 측에서 받아들여 2016년 암컷 아이바오와 수컷 러바오를 에버랜드 판다월드에서 공개했다. 판다는 사육이 까다롭기 때문에 1년에 한 마리당 수십억 원의 돈이 드는 것으로 알려져 있다. 에버랜드가 이렇게 사육이 까다로운 두 마리의 판다를 사랑으로 키우면서 판다는 한국의 환경에 잘 적응해 살게 됐다. 이를 증명하듯 2020년 러바오와 아이바오는 자연 번식으로 아기 판다 푸바오를 출산하여 많은 사람에게 기쁨을 안겨 줬다.

잠깐만!! 기사문에서 제목은 아주 중요해요. 기사의 제목만으로 기사 전체의 내용을 예측할 수 있도록 제목을 적어 보세요.

04 설명하는 글 - ④ 체험 학습 계획표 작성하기

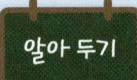
알아 두기 우리는 생활에서 여러 가지 계획을 세우거나 계획을 실천한 결과를 발표해요. 이러한 문서를 보통 '보고서'라고 해요. '보고'란 사전적 의미로 '일에 관한 내용이나 결과를 말이나 글로 알림'을 뜻하죠. 여기서는 보고서 중에서도 '체험 학습 계획표'를 작성하는 연습을 해 봐요.

연습하기 [1~2] 다음 현장 체험 학습에 관한 가정통신문을 읽고, 물음에 답하세요.

5학년 6반 현장 체험 학습 안내

안녕하십니까? 5학년 6반 현장 체험 학습을 아래와 같이 실시합니다.
1. 일   시: 20○○년 5월 ○○일 (금) 09:00~14:30
2. 장   소: 하늘목장(평창군 대관령면 횡계리 470-5)
3. 참가비: 무료(학교 예산 사용)
4. 활동 내용: 건초 먹이 주기, 주변 식물 관찰
5. 일정표

시간	내용
08:50~09:00	인원 점검 및 주의 사항 전달
09:00~09:50	도착 및 인원 점검
09:50~12:00	건초 먹이 주기 체험 활동 및 주변 식물 관찰
12:00~13:00	점심 식사 및 자유 활동
13:00~13:30	인원 점검 및 환경 정화 활동
13:30~14:30	학교로 이동 및 도착, 귀가

1 학생들에게 위와 같은 가정통신문을 나누어 주지 않는다면 무슨 일이 일어날지 생각해 보세요.

2 앞의 가정통신문에 빠진 내용이 있다면 빈칸에 적어 주세요.

> **하나 더!**
> 이동 시간이나 식사 계획, 준비물, 체험 학습 신청서 제출 등 여러 가지 내용을 넣어 줄 수 있어요.

3 서진이는 5월 5일 어린이날에 가족과 함께 서울대공원에 가려고 해요. 서울대공원으로 가기 전에 어떤 정보를 알아봐야 할지 아래에서 모두 찾아 ○표 해 주세요.

> 입장료, 운영 시간, 교통편, 이동 시간, 일정, 날씨, 주변 약도, 꼭 보고 싶은 동물이나 식물, 식사 계획, 편의점, 화장실 위치, 이동 경로, 하고 싶은 활동, 꼭 알거나 보고 싶은 내용, 집에 돌아오는 시간, 추천 경로, 관람 규칙, 안전을 위한 주의점

4 서진이는 '체험 학습 정보'를 인터넷으로 조사했어요. 빈칸에 알맞은 내용을 작성해 보세요.

장소 및 일시	서울대공원 관람, 5월 5일 어린이날 9:00~17:00
교통편(시간)	지하철을 타고 4호선 대공원역에서 내림(약 1시간 소요)
입장료	
운영 시간	

5 이러한 계획표를 작성하는 이유는 무엇일지 아래 빈칸에 써 보세요.

- 소풍이나 현장 학습을 좀 더 효과적으로 수행할 수 있습니다.
- _____
- _____

직접 써 보기

1 친구들이나 가족과 함께 가고 싶은 곳을 정해서 〈보기〉처럼 적어 보세요.

보기	
보령댐 물빛 공원	

2 그곳에 가는 목적은 무엇인지 〈보기〉처럼 적어 보세요.

보기	
가족과 함께 소풍을 가서 맛난 도시락도 먹고, 여유를 느끼고 싶다.	

3 소풍이나 체험 학습을 가는 목적에 따라 미리 조사해야 할 내용을 〈보기〉처럼 적어 보세요.

보기	
교통편, 일정, 즐길 거리, 도시락 반찬의 종류, 가족과 함께하고 싶은 일	

4 가는 곳의 약도를 〈보기〉처럼 간단하게 그려 보세요.

5 앞에 작성한 내용을 토대로 〈보기〉처럼 체험 학습 계획표를 작성해 보세요.

보기

〈보령댐 물빛 공원 가족 데이트〉

일시	20○○년 10월 ○○일 (토) 10:00~16:00
교통편	승용차 이용, 아빠께서 운전하느라 힘드시니까 졸음 껌을 미리 준비하기, 신나는 노래를 들으며 즐겁게 가기
즐길 거리	보령댐과 그 주변의 편의 시설(소수력 발전소, 청기와 휴게소, 자연 학습장 등), 단풍이 든 주변의 아름다운 풍광
점심 도시락	아침에 엄마와 함께 김밥 준비, 각종 과일 및 음료(콜라, 주스) 추가, 몇 가지 군것질거리 챙기기
가족과 함께하고 싶은 일	보령댐 주변의 산책길을 가족과 함께 걷기(가을 단풍을 즐김), 자연 학습장에서 축구공을 가지고 공놀이하기, 청기와 휴게소에서 도시락 먹으며 여유 느끼기

하나 더!
다양한 형식의 계획표를 만들 수 있어요. 위처럼 표로 만들어도 좋고, 그림을 활용한 계획표를 만들어도 괜찮아요.

05 설득하는 글 - ① 적절한 근거 적기

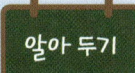

설득하는 글을 쓸 때 중요한 것은 주장에 대한 적절한 근거를 드는 거예요. 적절한 근거는 ① 주장과 관련이 있어야 하고, ② 알맞은 낱말을 활용해야 해요. 또, ③ 출처가 정확해야 하고, ④ 글쓴이가 주장하는 내용을 더욱 설득력 있게 만들어 줘야 하죠. 여기에 더해 사진이나 그림, 도표와 같은 자료를 근거로 활용한다면 독자가 쉽고 재미있게 글을 읽을 수 있어요.

연습하기 [1~3] 한결이는 '은어 사용 찬성'이라는 주장으로 글을 쓰기 위해 여러 가지 자료를 조사했어요. 자료를 보고, 물음에 답해 보세요.

(가) 표준 국어 대사전에 따르면 '은어'는 '어떤 계층이나 부류의 사람들이 다른 사람들이 알아듣지 못하도록 자기네 구성원들끼리만 빈번하게 사용하는 말'로 정의되어 있습니다.

(나) 은어 사용의 첫 번째 원인으로 인터넷 사용의 증가를 들 수 있습니다. 많은 아이가 인터넷상에서 자신이 모르는 사람과 대화를 나눌 때 은어를 사용하여 자신의 감정을 표현합니다. 두 번째로 또래 집단의 영향으로 은어를 사용하기도 합니다. 집단에서 소속감과 친밀감을 갖기 위해 은어를 사용하는 것입니다. 마지막으로 스트레스 해소를 위해 은어를 사용합니다. 화가 나거나 답답한 상황에서 자신이 받은 스트레스를 다른 사람에게 은어(마치 비속어처럼)를 내뱉으면서 푸는 것입니다.

만약 은어의 뜻을 알고 적절한 상황에서 은어를 사용한다면 집단에 잠시 활기를 불어넣을 수도 있습니다. 그러나 은어 사용은 장기적으로 사람의 감정에 부정적인 영향을 끼치므로 성장하면서 점차 그 사용 빈도를 줄여 나가야 합니다.

이를 위해 가정과 학교에서는 은어 사용을 무조건 금지하기보다는 아이가 자신의 감정을 표현하는 여러 가지 다른 방법을 깨달을 수 있도록 교육해야 합니다. 또, 아이의 특성을 고려하여 아이가 은어의 뜻을 충분히 이해하고 생활에서 사용할 수 있도록 아이에게 긍정적인 교육을 꾸준히 시도해야 할 것입니다.

(다) 2022년 ○○초등학교에서는 학생들이 많이 사용하는 은어에 대하여 학생 208명을 대상으로 조사했습니다(중복 응답 허용). 조사 대상으로 선정된 은어는 스불재(스스로 불러온 재앙), 저메추(저녁 메뉴 추천), 억텐(억지 텐션), 찐텐(진짜 텐션), 마기꾼(마스크 사기꾼), 알잘딱깔센(알아서 잘 딱 깔끔하고 센스 있게), 킹받네(열받는다는 표현) 등이었습니다. 이 중 가장 많은 아이가 사용하는 은어는 '마기꾼'이었습니다. 모두 201명의 학생이 선택한 은어로 코로나 시대를 대표하는 은어입니다. 두 번째는 '킹받네'라는 은어로 107명의 학생이 선택했습니다. 억텐 86명, 찐텐 78명, 스불재 54명, 저메추 39명 순이었고, 기타 은어로 졌잘싸(졌지만 잘 싸웠다), 엄근진(엄숙하게 근엄하게 진지하게), 비담(비주얼 담당), 자만추(자연스러운 만남 추구) 등이 있었습니다.

1 '은어 사용 찬성'이라는 글에서 글 (가)를 어떻게 활용할 수 있을지 빈칸에 알맞은 말을 써 보세요.

'은어'의 뜻을 글에 쓰는 이유는 _____과 은어의 차이를 독사에게 알려 주기 위해서야. 글의 _____에 글 (가)를 제시하면 독자도 글을 이해할 수 있을 거야.

2 한결이는 글 (나)를 자신의 설득하는 글에 요약해서 넣으려고 해요. 빈칸에 알맞은 말을 써 보세요.

[은어를 사용하는 이유]
1. _____
2. _____
3. _____

[은어의 바른 사용]
• 은어의 뜻을 알고 적절한 상황에서만 은어를 사용한다.
• 장기적으로 _____

[가정과 학교의 대처]
• 은어 사용을 무조건 금지하지 않는다.
• _____
• _____

잠깐만!! 자료를 그대로 사용하는 것보다 요약하면 독자가 글을 쉽게 이해할 수 있어요.

3 글 (다)를 아래 원그래프에 옮겨 보세요.

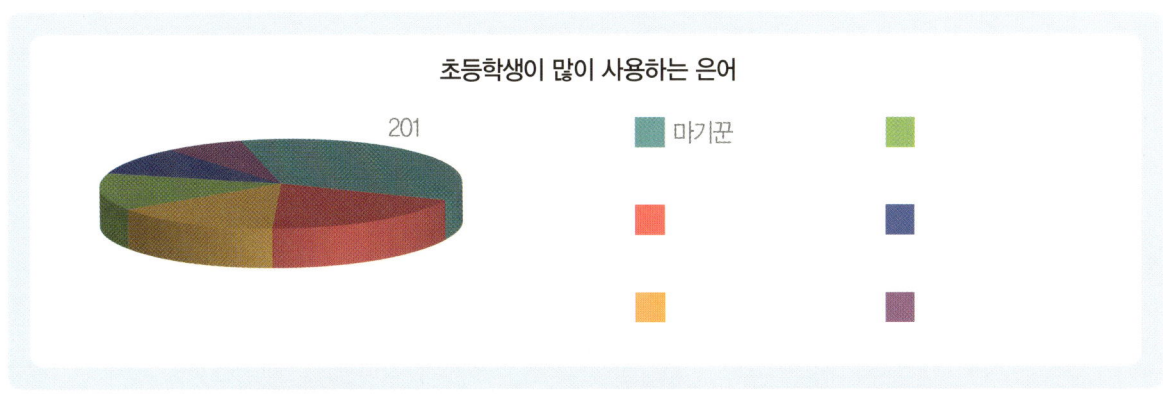

잠깐만!! 자료를 그대로 사용하는 것보다 그림이나 도표로 나타내면 독자들이 글을 쉽게 이해할 수 있어요.

직접 써 보기

1 다음 정보를 보고, 주장에 대한 적절한 근거를 써 보세요.

❶ 〈정보〉

「형법」 제9조(형사미성년자) 14세가 되지 아니한 자의 행위는 벌하지 아니한다.

형사미성년자일지라도 만 10세 이상이라면 소년법상 촉법소년으로 보호처분을 받을 수 있다. 보호처분은 소년원 송치를 말하지만 전과는 남지 않는다.

- 촉법소년 범죄

2015년 용인 아파트 벽돌 투척 사망 사건
2018년 기흥역 폭발물 허위 신고 사건
2020년 대전 중학생 렌터카 절도 운행 추돌 사고
2022년 7월, 13세 소년이 파출소 앞에서 경찰차 위에 올라 난동을 부리는 일 발생
2023년 4월, 소년이 경찰관을 발로 차고, 욕설을 쏟아내는 영상이 온라인에 퍼짐

> **잠깐만!!** 위에 제시한 정보 외에 스스로 찾은 정보를 활용하여 근거를 작성해도 괜찮아요.

〈주장과 근거〉

주장: 촉법소년과 관련된 법률을 폐지하자!

근거:

> **잠깐만!!** 적절한 근거를 제시할 때 사진이나 그림, 도표 등을 활용해서 적어도 좋아요.

❷ 〈정보〉

인공 지능(AI)이란 사전적 의미로 인간의 지능이 가지는 학습, 추리, 적응, 논증 따위의 기능을 갖춘 컴퓨터 시스템을 말한다. 일반적으로 인간의 여러 가지 능력을 컴퓨터 시스템으로 구현하려는 분야 중 하나이다.

AI가 인간을 격파하다
- 1997년 인공 지능 컴퓨터 딥 블루가 체스 세계 챔피언 가리 카스파로프를 이김
- 이후 발전된 알파고는 딥 러닝을 이용해 혼자서 바둑과 체스, 쇼기(일본 장기) 등의 법칙을 완전히 이해하고 2016년 이세돌과의 바둑 대국에서 승리함
- 2019년 7월 플러리버스라는 포커 로봇이 세계 최정상급 프로 포커 선수를 텍사스 홀덤에서 꺾음

대화형 AI의 출시
- 기존의 대화형 AI는 사람의 말을 제대로 이해하지 못했지만 지금은 단순히 말을 알아듣는 것뿐만 아니라 이를 보충하거나 요약까지 할 수 있는 수준으로 발전했다. 특히 챗GPT(ChatGPT)와 같은 대화형 AI는 우리가 다른 사람과 일상의 대화를 나누듯이 정보를 주고받는 것이 가능하다.
- 특히 하나의 질문에 한 개의 대답만을 내놓는 것이 아니라 다양한 답변을 할 수 있도록 설계되어 있어서 앞으로의 쓰임이 큰 주목을 받고 있다.

〈주장과 근거〉

주장: 미래에 인공 지능을 더욱 활발히 이용하자.

근거:

06 설득하는 글 - ② 짜임에 맞는 글쓰기

서론	• 독자가 글을 읽기 시작하는 단계
	  - 내용이 흥미롭거나 재미있다고 느껴져야 함
	  - 문제 상황에서 주장할 내용을 색다른 방식으로 제시

본론	• 근거를 제시하는 단계
	  - 대개 서너 개의 근거로 이루어짐
	  - 사례, 사실이나 통계, 인용 등으로 근거를 뒷받침함
	  - 문단 구성의 원리 활용(예시, 비유, 전체와 부분, 원인과 결과, 문제와 해결, 다음에 이어질 내용 쓰기 등)

결론	• 글의 내용을 한 번 더 강조하는 단계
	  - 글에서 제시하고자 하는 메시지가 무엇인지 명료하게 표현
	  - 독자의 마음에 남을 수 있는 표현 나타내기

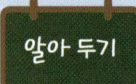 보통 설득하는 글은 '처음-가운데-끝', 즉 '서론-본론-결론'의 형태를 따라요. 서론은 독자가 글을 처음 읽기 시작하는 단계예요. 독자는 앞으로 읽을 내용이 흥미롭거나 재미있다고 느껴져야 뒤의 글도 읽게 돼요. 그렇기 때문에 서론은 문제 상황에서 주장할 내용을 독자에게 어떠한 방식으로 제시할지 생각하는 것이 중요해요.

본론에서는 앞의 문제를 해결할 수 있는 다양한 방법이나 주장하는 내용의 근거가 들어가요. 대개 서너 개의 방법이나 근거를 제시하면 되죠. 앞에서 배운 대로 주장에 대한 적절한 근거를 대지 못한다면 좋은 글이라고 할 수 없어요.

마지막으로 결론에서는 주장하는 내용을 다시 한번 강조해요. 또, 글에서 전하고자 하는 메시지가 무엇인지 명료하게 정리하면 좋죠. 전하고자 하는 메시지를 한 번 더 강조하면 주장하는 바의 가치와 의미를 독자에게 각인시킬 수 있으니까요.

이렇게 글을 쓰면 독자가 설득하는 글에서 주장하는 바를 명확히 알고, 그 주장에 수긍할 수도 있어요. 사실 지금 여러분이 읽고 있는 이 알아 두기도 서론, 본론, 결론의 형식을 따라서 쓴 글이에요. 어때요? 서론, 본론, 결론이 보이나요? 이 단원에서는 서론, 본론, 결론이라는 글의 형식을 배우고 이를 바탕으로 설득하는 글을 써 봐요.

식사 예절을 지키자!

　예전부터 아이들이 밥을 먹을 때 어른들이 꼭 하는 얘기가 있습니다. ¹'밥상 앞에서 깨작이면 복 달아난다'가 바로 그것입니다. '깨작이다'라는 낱말의 의미는 '좀 달갑지 않은 음식을 억지로 굼뜨게 먹다'입니다. 그러므로 이 말 속에는 '식사 예절'을 중시하는 조상들의 생각이 들어 있다는 것을 알 수 있습니다. ²그렇다면 조상들이 식사 예절을 이토록 중시한 까닭은 무엇일까요? (서론)

　그 이유는 식사 예절 자체가 타인을 존중하는 방법이기 때문입니다. 여럿이 있는 자리에서 상대방이 불쾌하게 여길 수 있는 행동을 하는 것은 자신만 생각하는 이기적인 행동일 수 있다는 말입니다. ³다른 사람과 함께 먹는 자리에서 시끄럽게 쩝쩝거리며 먹거나 수저를 그릇에 부딪쳐 크게 소리를 내며 먹는다면 상대방이 불쾌하게 여길 수 있습니다. 세계 여러 나라에서 식사 예절을 중시하고 있습니다. 특히 탈무드에서는 혼자 식사를 할 때도 예절을 지키며 식사한다면 그 사람이 진짜 성스러운 사람이라는 내용을 발견할 수 있습니다.

　사실 요즘은 세대가 바뀌면서 예전에는 예절이라고 여겼던 것들을 이제 그렇게까지 할 필요가 있느냐는 식의 논리가 존재합니다. ⁴예를 들어 '걸으면서 음식을 먹지 않는다.'라든가 '어른보다 먼저 수저를 들지 않는다.', '밥을 먹을 때 식탁에 팔을 기대지 않는다.'와 같은 지시를 불편하게 여기는 젊은 세대가 늘어나고 있습니다.

　⁵하지만 예절을 지키지 않는 것을 불편하게 여기는 시선이 존재하고, 또 자신이 조금 불편하더라도 식사 예절을 깐깐이 지키는 사람이 주변에 있습니다. 많은 사람이 남의 눈을 신경 쓰지 않고 행동하기보다 예절을 지켜 생활하는 것을 타인을 배려하는 행동이라고 생각합니다. 그러므로 스스로 자신의 행동에 조금만 더 신경을 쓴다면 사회에서 더 좋은 사람으로 거듭날 수 있을 것입니다. (본론)

　⁶예절을 지키며 식사를 하는 것은 다른 사람을 배려하는 인간이라면 가져야 할 기본적인 태도입니다. 동방예의지국이라고 불리는 대한민국에서 식사 예절을 지키며 밥을 먹는다면 타인을 생각하는 배려의 첫 단추를 끼우는 행동이 될 것입니다. 그러한 점을 생각하며 모든 사람이 식사 예절을 지키면 좋겠습니다. (결론)

1. 옛말과 낱말의 뜻을 활용하여 글의 주장을 색다른 방식으로 강조
2. 질문을 통해 독자가 글을 흥미롭게 느끼도록 유도
3. 식사 예절을 지키지 않는 사례나 탈무드의 내용을 인용하여 적절한 근거를 제시
4. 식사 예절과 관련된 여러 가지 사례 제시
5. '문제와 해결'의 구조로 문단을 전개
6. 제시하는 메시지를 다시 한번 강조

직접 써 보기 [1~6] 자기 주장을 담은 논설문을 써 보세요.

1 논설문으로 쓰고 싶은 '주장'과 그와 관련된 생각을 자유롭게 브레인스토밍해 보세요.

잠깐만!! 우리가 관심을 가질 수 있는 주제인지, 해결 방법을 찾을 수 있는지 등을 고려해서 주장을 정해 보세요.

2 '서론'에 대한 개요를 〈보기〉처럼 작성하고 글을 써 보세요.

서론	• 2022년 익산 초등학생 학교 폭력 사건 재조명
	• 피해자가 오히려 학교에 다니는 것을 두려워하는 상황

보기

　2022년 5월 24일, 익산의 한 초등학교에 한 학생이 '강제 전학'을 왔다. 이 학생은 전학을 오자마자 새로 만난 선생님과 학생들에게 욕을 하고 폭력을 행사했다. 심지어 급식실에서 칼을 가져와 교사를 찌르겠다는 협박까지 하였다. 학교 폭력으로 처벌을 받아 강제 전학을 온 아이가 오히려 다른 학생에게 피해를 주고 있는 것이다. 가해자는 반성의 기미를 전혀 보이지 않고, 오히려 다른 학생들이 학교 다니기를 두려워한다면 '강제 전학'을 처벌이라고 부를 수 있을까?

서론	

3 '본론'에 대한 개요를 〈보기〉처럼 작성하고 글을 써 보세요.

본론	근거 1. 가해자의 반성 없는 태도
	근거 2. 각국에서 학교 폭력에 대한 처벌이 강화되고 있음
	근거 3. 학교 폭력에 대한 무관용 원칙 확산

보기

  학교 폭력 사건이 터지면 학교는 가해자의 진심 어린 반성을 요구하지만 가해자는 그런 생각이 전혀 없다. 2023년 5월 4일 ○○신문 기사를 보면 학교 폭력을 일으킨 가해자가 자신을 비난하는 사람들에게 "지들도 어디 가서 처맞았나?"와 같은 게시물을 올린 것만 봐도 쉽게 알 수 있다. 피해자는 병원에 입원해 있는데 가해자는 반성문 한 장으로 끝나는 학교 폭력 처벌은 아무 소용이 없다는 것이다.

  또, 여러 나라에서 학교 폭력에 대한 처벌이 강화되고 있다. 독일의 브레멘에서는 가해자와 피해자를 철저히 분리한다. 가해자가 다른 학생에게 피해를 크게 입힐 수 있다고 교육 당국에서 판단하면 가해자는 주변의 모든 학교에 입학할 수조차 없다. 미국에서는 학교 폭력 피해자가 가해자를 흉기로 찔러 죽인 사건에 대해 피해자의 정당방위를 인정하고 무죄를 선고했다. 학교 폭력 가해자에게 엄중한 책임을 묻고 있는 것이다.

  요즘은 학교 폭력 가해자의 부모에게까지 책임을 묻는 나라도 늘고 있다. 특히 중국에서는 학교 폭력의 원인을 부모가 아이에게 가정 교육을 적절하게 시키지 않았기 때문이라고 생각하고 그 부모까지 처벌한다. 부모에게 자녀 교육을 위한 프로그램에 참여하도록 강제하고, 그러한 처분을 받은 부모는 '자녀를 잘못 키워 죄송합니다.', '새 아이로 만들 수 있도록 최선을 다하겠습니다.'와 같은 반성문까지 제출해야 한다.

  이처럼 현재 학교 폭력에 대한 '무관용 원칙'이 점차 확산되고 있다. 가해자가 긍정적으로 변화할 것이라는 생각 전에 피해자가 받은 피해를 더 심각하게 보고 있는 것이다. 세월이 흐른 후, 가해자는 자신이 학교 폭력을 저지른 사실을 대부분 잊어버리지만, 피해자는 그 후유증이 어른이 되어서까지 남는 경우가 많다. 그래서 요즘 시간이 흘러 성인이 된 후에 자신이 학교 폭력을 당했었다는 사실을 밝히는 사례가 늘어나고 있는데, 이런 현상도 가해자에 대한 무관용 원칙에 힘을 실어 주고 있다.

본론	

4 '결론'에 대한 개요를 〈보기〉처럼 작성하고 글을 써 보세요.

결론	자녀 교육을 제대로 하지 않는 부모에 대한 처벌 강화
	변화 없는 가해자와 시달리는 피해자, 누구를 보호할 것인가?

보기

　사실 학교 폭력 사례가 늘어나는 이유는 부모가 어렸을 때부터 자녀 교육에 신경을 쓰지 않았기 때문이다. 앞에서 말했던 익산의 초등학생도 아버지가 어렸을 때부터 아이에게 폭력을 행사하는 경우가 많았다고 한다. 심지어 가해자의 어머니는 학교 폭력을 행사한 아들을 두둔하고 억울함까지 호소한다고 하니 가해자가 뉘우치는 모습을 보기는 더욱 어려울 것이다. 변화 없는 가해자와 시달리는 피해자, 어느 쪽을 보호해야 하는가? 답은 분명하다. 앞으로는 학교 폭력 처벌 수위를 높이고, 학교 폭력으로부터 피해자를 보호하는 데 최선을 다해야 할 것이다.

결론	

5 앞에서 쓴 '설득하는 글'의 서론, 본론, 결론을 연결해서 읽어 보고 고쳐야 할 점은 없는지 생각해 보세요.

6 서론, 본론, 결론을 어떠한 방식으로 전개하면 더 좋았을지 생각해 보세요.

07 설득하는 글 – ③ 찬성이나 반대하는 의견 제시하기

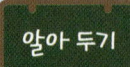 우리는 어떤 의견에 대해서 '찬성'이나 '반대'의 생각을 나타낼 때가 있어요. 공식적인 자리에서 찬성이나 반대 의견을 표현한다면 이것을 '토론'이라고 해요. '토론'은 상대를 설득하는 듣기·말하기를 뜻하지만, 그 준비는 '쓰기'를 통해 이루어져요. 어떤 주제에 대한 자료를 수집하고, 정리한 후 의견을 나타내는 것이 다른 사람을 설득하는 토론의 기본 자세라고 할 수 있지요. 여기서는 토론 주제에 대한 찬성이나 반대의 입장을 정하고, 자료를 수집하고 정리해서 자신의 의견을 나타내는 연습을 해 봐요.

직접 써 보기 [1~6] 〈보기〉의 '은어 사용'에 대한 토론 준비 과정을 보고, 토론 주제에 대해 찬성이나 반대 의견을 제시하는 글을 써 보세요.

– 토론 주제에 대한 찬성·반대 의견 –

생활에서 은어를 사용하는 것을 찬성한다.

– 브레인스토밍 –

국어학자들의 은어에 대한 입장, 친근감 있는 표현이 많음, 은어 사용에 대한 학교 통계 자료, 낚시·골프·뮤지컬 등에서 사용하는 은어

– 자신의 주장에 대해 반론으로 나올 내용 예상하기 –

은어에 재미있는 표현만 있는 것이 아니다. 과격하거나 마음에 상처를 주는 표현이 많다. 은어 사용은 학업 능률이나 인지·정서 기능에 부정적인 영향을 끼칠 수 있다.

– 반론을 반박할 수 있는 자료나 근거 제시하기 –

과격하거나 다른 사람의 마음에 상처를 주는 표현은 비속어나 욕설이란 표현이 더 어울린다. 은어(특정 집단이 자신들만 알아들을 수 있도록 빈번하게 사용하는 말)는 상처를 주는 표현이라고 보기 어렵다. 아이들이 은어의 뜻을 바르게 알고 사용하도록 가르친다면 다른 사람에게 상처를 주는 은어의 사용이 줄어들 것이다.
은어 사용이 꼭 부정적인 영향만 있는 것은 아니다. 은어 사용의 긍정적인 영향도 분명히 있다. 그러므로 반론은 지나친 비약이라고 생각한다.

– 자신의 의견을 뒷받침할 수 있는 자료 –

1. 많은 국어학자는 생활 속에서 '은어'가 필요하다고 인정한다. 사람들이 사용하는 은어를 규제하는 것이 가능하지도, 바람직하지도 않다는 것이다. 사람 간의 은어 사용은 언어 파괴가 아니라 미세한 감정 표현의 하나일 수 있다고 학자들은 말한다.
2. 은어에는 재미있는 표현이 많다. 은어 중에는 그 표현이 과하지 않고, 오히려 창의적인 낱말이 대부분이다.
3.
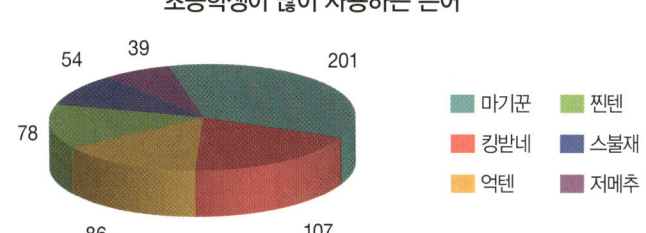
초등학생이 많이 사용하는 은어
마기꾼 201, 킹받네 107, 억텐 86, 찐텐 78, 스불재 54, 저메추 39
4. 또래 집단뿐만 아니라 생활에서도 은어가 많이 사용된다.
낚시–월척(큰 물고기), 씨알(고기 크기), 조황(배에서 거둔 전체 성과)
골프–오잘공(오늘 가장 잘 친 공), 어잘공(어쩌다 우연히 잘 맞은 공)
뮤지컬–갈말갈(갈지 말지 고민되면 그냥 가라), 관크(다른 사람에게 피해를 주는 관객)

– 반론을 반박할 수 있는 자료 –

1. 표준 국어 대사전
   욕설: 남의 인격을 무시하는 모욕적인 말, 또는 남을 저주하는 말
   비속어: 격이 낮고 속된 말
   은어: 어떤 계층이나 부류의 사람들이 다른 사람들이 알아듣지 못하도록 자기네 구성원들끼리만 빈번하게 사용하는 말
2. 초등학생 인터뷰–사람초등학교 5학년 학생
   "은어는 일단 짧으면서 여러 뜻을 가지고 있어서 친구끼리 사용할 때 편해요. 말이 길어지면 불편하니까요. 은어의 뜻을 이해하고 다른 사람에게 사용하면 생활에서 큰 문제가 생길 것 같지 않아요."

잠깐만!! 위와 같은 자료를 활용해서 토론을 진행한다면 자신의 의견을 효과적으로 전달할 수 있어요.

1 '학교 폭력 처벌 강화'에 대한 찬성이나 반대 의견을 써 보세요.

2 위에 적은 찬성이나 반대 의견을 뒷받침할 수 있는 자료를 생각나는 대로 적어 보세요.

3 토론할 때 자신의 주장에 대한 반론으로 나올 내용을 예상해서 써 보세요.

4 위의 반론을 반박할 수 있는 자료나 근거를 떠오르는 대로 써 보세요.

5 자신의 의견을 뒷받침할 수 있는 자료나 근거를 아래에 정리해 보세요.

6 자신의 의견에 반론으로 나올 내용을 반박할 수 있는 자료를 아래에 정리해 보세요.

7단원
여러 가지 글 익히기

이것을 배워요!

- 브레인스토밍, 마인드맵, 개요 짜기를 글쓰기와 연관 지어 실제적인 연습을 해요.
- 글머리는 글의 전체 인상을 결정짓기 때문에 많은 작가가 쓰는 데 공을 들여요. 여기서는 글머리를 쓰는 여러 가지 방법을 알고, 독자의 뇌리에 남는 글머리를 직접 써 봐요.
- 독서 감상문 쓰기에서는 〈나는 뚱뚱하다〉라는 글을 읽고 독서 감상문을 직접 써 볼 거예요.
- 교과서 글쓰기에서는 각 교과에서 강조하고 있는 실제적인 쓰기를 연습해 볼 거예요. 수학에서는 풀이 과정을 직접 써 보고, 과학에서는 과학적 개념을 여러 가지 주변 사실과 연관 지어 써 봐요.

이러한 과정을 통해 여기서는 '실제적인 글'을 완성하는 기본적인 방법을 배워요.

01 브레인스토밍

연습하기 [1~3] 〈보기〉처럼 글을 쓰기 전에 브레인스토밍하는 연습을 해 보세요.

'신라의 문화 유산(불국사, 석굴암)'에 대한 글을 쓰려고 해요. 불국사와 석굴암에 대해 이미 알고 있는 내용과 쓰고 싶은 내용을 다음 표에 적어 보세요.

이미 알고 있는 내용	신라시대 유적, 경주, 불교 관련, 다보탑, 석가탑, 유네스코 세계문화유산 선정
쓰고 싶은 내용	불국사와 석굴암이 만들어진 이유, 유네스코 세계문화유산으로 선정된 까닭

불국사와 석굴암의 사진을 보고 떠오르는 생각을 다음 네모 칸에 모두 적어 보세요.

〈불국사〉　　　　　　　〈석굴암〉

〈보기〉

- 신라   불교
- 절   왕권의 강화
- 백성들의 마음 하나로 모으기

- 다보탑   석가탑   백운교
- 무구 정광 대다라니경
- 청운교

- 우수하다   정교하다
- 독특하다
- 다른 나라에서 찾을 수 없는 형태   아름답다

- 문화 유산
- 유네스코 세계문화유산

- 불국사   고대 한국 절의 가치
- 부처의 마음을 이루려는 마음

- 석굴암   석가탑
- 화강암을 쌓아 올려 만듦   예술적 가치
- 신라인의 우수한 기술

위에 브레인스토밍 한 내용 중 비슷한 느낌의 낱말을 선으로 묶어 보세요.

1. '고구려 광개토 대왕'에 대한 글을 쓰려고 해요. 고구려와 광개토대왕에 대해 이미 알고 있는 내용과 쓰고 싶은 내용을 다음 표에 적어 보세요.

이미 알고 있는 내용	
쓰고 싶은 내용	

2. 광개토 대왕릉비 사진과 고구려의 영토 확장과 관련된 그림을 보고 떠오르는 생각을 다음 네모 칸에 모두 적어 보세요.

3. 위에 브레인스토밍한 내용 중 비슷한 느낌의 낱말을 선으로 묶어 보세요.

02 마인드맵

연습하기 [1~3] 〈보기〉처럼 여러 가지 모양의 마인드맵을 그리고, 이를 바탕으로 글을 써 보세요.

'3·1 운동'에 대한 글을 쓰려고 해요. '3·1 운동' 하면 떠오르는 생각을 아래 칸에 브레인스토밍해 보세요.

1919년 3월 1일, 제1차 세계 대전, 식민지, 독립, 독립 선언서, 독립 선언서 낭독, 탑골 공원, 학생, 시민, 종교 지도자, 독립 선언식, 만세 시위, 전국으로 퍼져 나감, 일제의 탄압, 총칼을 이용한 무력 진압, 무력을 사용하지 않은 평화 시위, 많은 사람이 다침, 독립에 대한 열망

위에 브레인스토밍한 내용을 바탕으로 적절한 마인드맵을 직접 그려 보세요.

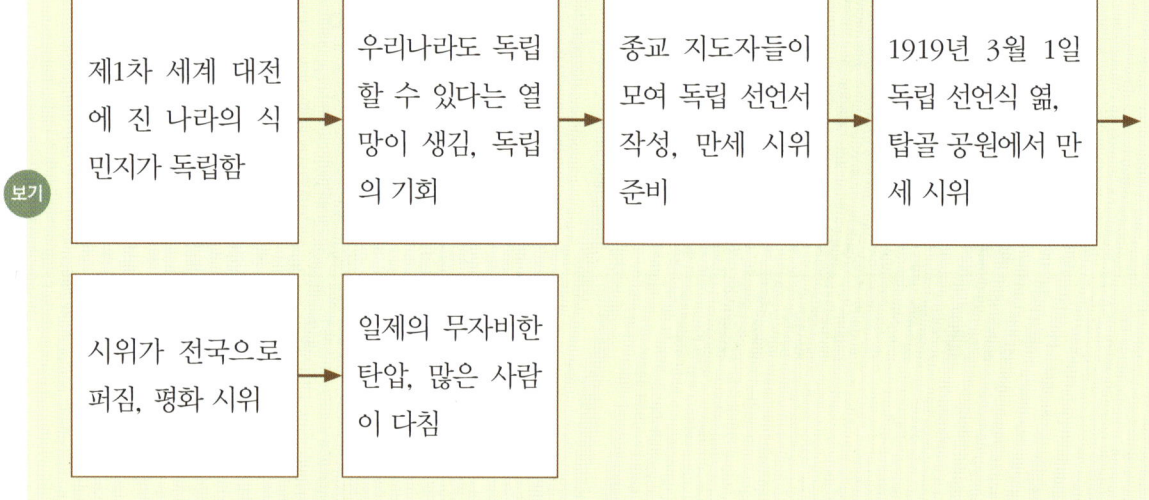

위의 마인드맵을 바탕으로 글을 써 보세요.

　제1차 세계 대전이 끝난 뒤, 전쟁에서 패배한 국가의 여러 식민지가 독립을 했다. 많은 사람들은 이때가 우리나라의 독립을 위한 절호의 시기라고 생각했다. 여러 종교 지도자가 모여 독립 선언서를 작성하고, 만세 시위를 준비했다. 위기 의식을 느낀 일제는 총칼을 앞세워 평화 시위를 무자비하게 진압하기 시작했고, 이 탄압에 의해 많은 사람이 목숨을 잃었다.

1 '유관순의 독립운동'에 대한 글을 쓰려고 해요. '유관순의 독립운동' 하면 떠오르는 생각을 아래 칸에 브레인스토밍해 보세요.

2 위에 브레인스토밍한 내용을 바탕으로 적절한 마인드맵을 직접 그려 보세요.

잠깐만!! 지금까지 배운 설명하는 글의 여러 가지 틀(열거하기, 순서대로 쓰기, 전체와 부분, 비교와 대조 등)을 활용해서 앞에 브레인스토밍한 내용을 정리하기에 적합한 마인드맵을 선택해서 그려 보세요.

3 위의 마인드맵을 바탕으로 글을 작성해 보세요.

03 개요 짜기

연습하기 [1~2] 자신의 생각을 자유롭게 펼친 마인드맵을 보고, 직접 개요와 글을 써 보세요.

'몽골에 끝까지 대항한 삼별초'에 대한 글을 쓰려고 해요. '삼별초' 하면 떠오르는 생각을 자유롭게 마인드맵으로 그려 보세요.

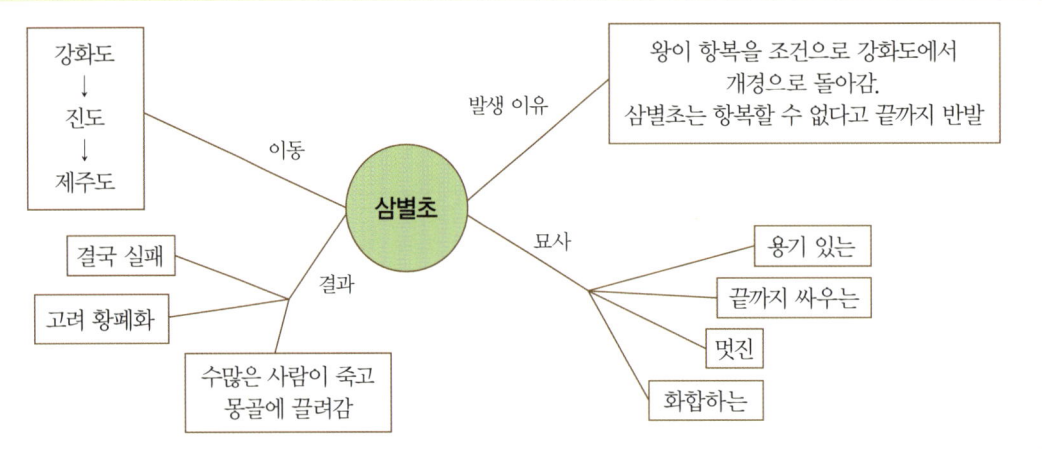

위에 그린 마인드맵 내용을 바탕으로 개요와 글을 작성해 보세요.

 보기

처음	• 고려와 몽골에 대한 자주적 외침

너희를 고려의 왕, 신하라고 말할 수 있겠느냐? 어떻게 고려를 몽골에게 넘겨준단 말이냐? 강화도에서 개경으로 옮기는 것은 결국 항복이란 뜻과 마찬가지다! 그럴 수는 없다. 아무리 몽골이 고려를 뒤흔든다 해도 우리는 끝까지 저항할 것이다.

가운데	• 끝까지 싸우려는 의지 • 고려 백성들의 마음

강화도에서 안 되면 진도로, 진도에서도 안 된다면 제주도까지 우리는 끝까지 싸울 것이다. 우리의 수는 적지만 몽골이 바다에 약하다는 것쯤은 알고 있다. 고려 백성의 찢어지는 마음을 우리가 조금이라도 달래 줄 것이다. 우리는 용기 있는 죽음을 맞을 것이다. 너희는 우리를 쫓았다고 생각하겠지만 우리는 죽어서도 고려를 지키는 충신으로 남을 것이다.

끝	• 항쟁의 결과

몽골과의 싸움으로 고려는 황폐해졌다. 백성은 죽거나 몽골에 포로로 끌려갔다. 하지만 고려인의 의지만은 남을 것이다. 그것은 계속 이어져 우리 한민족의 마음을 하나로 만들어 줄 거라 믿어 의심치 않는다.

1 '세종대왕'에 대한 글을 쓰려고 해요. '세종대왕' 하면 떠오르는 생각을 자유롭게 마인드맵으로 그려 보세요.

2 위에 그린 마인드맵 내용을 바탕으로 개요와 글을 작성해 보세요.

처음	
가운데	
끝	

04 글머리 쓰기

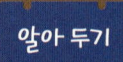 글을 시작할 때 어떤 표현을 쓸지 선택하는 것은 중요한 일이에요. 많은 사람이 글의 앞부분만 읽고 그 글 전체를 읽을지 말지 결정하기 때문이죠. 또, 글머리는 글의 전체적인 인상을 결정해요. 읽었던 책을 떠올렸을 때 사람들의 뇌리에 많이 남는 부분도 '글머리'라고 할 수 있지요. 글머리는 여러 가지 방법으로 쓸 수 있어요. 속담이나 관용 표현을 사용하기도 하고, 대화 글을 활용하기도 해요. 시간, 장소, 인물에 대한 설명으로 시작하는 경우도 있어요. 여기서는 글머리의 시작 방법을 알고 글머리를 쓰는 연습을 해 봐요.

연습하기 [1~2] 민서는 일기를 쓸 때 글머리를 다양하게 써요. 민서가 쓴 일기의 글머리를 읽고, 물음에 답해 보세요.

방법	민서의 일기 글머리
대화 글로 시작하기	"민서는 꿈이 뭐니?" 점심시간에 선생님께서 이런 질문을 하셨다. 가만히 생각했다. 내 꿈이 뭘까? 나는 어떤 꿈을 꾸며 살고 있을까?
의성어·의태어로 시작하기	뚝뚝, 뚝뚝. 눈물이 뚝뚝 떨어졌다. 마음이 분하고, 몸이 힘들어서 나는 어찌할 바를 몰랐다.
날씨 표현으로 시작하기	갑자기 하늘에서 한 방울, 두 방울 비가 떨어지기 시작했다. 조금 있으니 정신을 차릴 수 없을 정도의 바람이 휘몰아쳤다. 거기에 더해 천둥과 번개까지 치니 그야말로 아수라장이 되었다.
속담이나 관용 표현으로 시작하기	"간에 기별도 가지 않았다." 엄마가 없는 저녁 시간, 아빠가 만든 음식은 계란 프라이를 빼고 먹을 수 있는 게 하나도 없었다. 아빠는 기분이라며 치킨을 배달시켰다.
정경 묘사나 인물 설명으로 시작하기	캄캄한 밤, 거뭇한 것이 방안으로 재빠르게 들어오는 느낌이 들었다. 휙! 고개를 돌려 그쪽을 바라봤다. 바! 퀴! 벌! 레!
상황 설명으로 시작하기	내 친한 친구 중에 서진이란 친구가 있다. 서진이는 말을 재미있게 하고, 춤을 잘 추는 친구이다. 이 친구가 엊그제 나에게 전학을 가게 되었다고 말했다.

1 글머리 쓰는 방법 중 하나를 선택해서 앞에서 '유관순의 독립운동'에 대해 쓴 글의 글머리를 수정해 보세요.

2 글머리 쓰는 방법 중 하나를 선택해서 앞에서 '세종대왕'에 대해 쓴 글의 글머리를 수정해 보세요.

05 독서 감상문 쓰기

직접 써 보기 [1~5] 다음 이야기를 읽고, 앞에서 배운 내용(브레인스토밍, 마인드맵, 개요 짜기, 글머리 쓰기)을 토대로 독서 감상문을 완성해 보세요.

나는 뚱뚱하다

 배가 흔들린다. 꾸물꾸물, 아주 느리게 꿈틀댄다. 고무공이 튕기는 것처럼 아주 탐스러운 뱃살이다. 하얀 돌 위에 동그란 구멍이 아주 깊숙이 들어가 있다. 끝이 어디인지 모르게 아주 깊숙한 구멍이다. 제주도에서 본 성산일출봉과 같이 높이 솟은 배와 움푹 파인 분화구 같은 배꼽이 여러 가지 상상을 하게 만든다.
 욕조에 앉아 제방이는 자기 배를 여러 가지 모양으로 변화시킨다. 우선, 엄지손가락과 집게손가락을 동그랗게 말아서 자신의 배 한 부분을 꽉 쥐자 달걀이 나온다. 다음으로 최대한 배에 힘을 빼고 어깨와 목을 밑으로 내려뜨린다. 축 늘어진 배가 두 겹으로 겹치면서 큰 협곡이 생긴다. 협곡의 위쪽으로 손을 안경 모양으로 만들고 열심히 배를 흔들자 얼굴 살이 많은 뚱뚱한 아저씨가 막 뭐라고 소리치는 듯하다.
 제방이는 만족스러운 듯 웃는다. 자기 배로 여러 가지 모양을 만들 수 있다는 게 마음에 들었다. 뚱뚱하긴 하지만 주변 사람들이 자신을 얼마나 귀여워해 주던가? 얼굴이 꼭 호빵맨같이 생겼다고 슈퍼마켓 아줌마가 제방이를 얼마나 예뻐해 주던가? 음식을 잘 먹는다고 삼겹살집 아저씨가 얼마나 귀여워해 주던가? 엄마 친구들은 제방이가 배가 많이 고픈 것 같다며 음식을 더 많이 챙겨 주었다.
 제방이는 마지막으로 몸에 묻은 물방울들을 깨끗이 닦고 거울을 보며 자신의 배를 한껏 앞으로 내민다. 올챙이배보다 훨씬 큰 배가 거울을 압박한다. 바늘로 살짝만 건드려도 빵 터질 것 같은 배를 손으로 한 번 두드리자 흔들흔들, 웃는 입술 모양처럼 접힌 배가 제방이를 따라 화장실에서 나온다.
 팬티만 입은 제방이 모습에서 한결 배가 도드라져 보인다. 지금보다 어렸을 적, 배에는 살이 쪄도 얼굴 살은 별로 없어서 뚱뚱한 게 티가 나지 않았는데 요즘에는 얼굴에도 살이 많이 올랐다. 그래도 제방이는 여전히 자신이 귀엽다고 생각한다.

 "어머, 제방아?"

 목욕탕에서 나오니 둘째 이모의 모습이 보인다. 제방이가 씻는 동안 온 모양이었다. 둘째 이모는 제방이가 어렸을 적부터 제방이를 가장 예뻐해 줬다. 집에 놀러 오면 언제나 제방이 누나 제희보다 제방이부터 찾아 업어 주고, 음식이 있으면 가장 먼저 제방이에게 주었다. 제방이의 호빵 같은 얼굴을 가장 많이 쓰다듬어 주는 것도 둘째 이모였다.

"이모! 이모!"

제방이가 이모를 부르며 뒤뚱뒤뚱 달려갔다. 제방이가 목욕탕에서부터 팬티만 입고 뛰어오자 둘째 이모의 표정이 이상하게 변했다. 이모는 항상 제방이를 웃으며 받아 줬지만 이제까지와는 다른 멋쩍은 표정을 하고 있었다. 이모에게 넙죽 안기려던 제방이는 기분이 이상해져서 안는 것을 그만두고 말았다. 처음으로 제방이와 둘째 이모 사이에 어색한 기운이 감돌고 있었다.

"제방이, 씻었구나. 얼른 옷 입어야지."

둘째 이모는 안는 것은 어찌 됐든 제방이에게 빨리 옷부터 입으라고 한다. 이모의 이상한 말과 행동에 제방이의 마음이 상해 버렸다. 하지만 그런 것과 관계없이 코끝을 후비는 냄새가 제방이의 울적한 마음을 순식간에 앗아 간다. 피자다!

제방이는 여러 가지 음식을 좋아했지만 특히 빵 종류는 사족을 쓰지 못했다. 그중에서도 피자는 일주일에 한 번은 꼭 먹지 않으면 그 맛이 당겨서 참을 수가 없었다. 제방이는 옷 입으라는 이모의 말은 듣지도 않고 얼른 피자 쪽으로 눈을 돌렸다. 팬티만 입고 피자로 향하는 제방이의 모습은 흡사 돼지가 배고픔에 이상한 눈빛으로 침을 잔뜩 흘리며 먹이에 다가갈 때와 같다.

갑자기 이모가 제방이를 보며 이마를 찌그러트린다. 잔뜩 마음에 안 드는 표정으로 제방이의 배를 바라보고 있다. 저 큰 배가 제방이에게 언제부터 저렇게 나오기 시작했는지 알 도리가 없다. 얼굴이 어찌나 커졌는지 35살, 이모 얼굴의 두 배다. 그저께까지만 해도 귀여웠던 제방이는 온데간데없고, 배에 뒤룩뒤룩 찌고 얼굴이 너부데데한, 보기 싫은 아이로 변해 있었다.

"엄마! 이거 이모가 사 온 거야? 나 피자 먹을래."
"아이고, 아저씨. 어서 옷이나 입고 오세요. 팬티만 입고 먹으려고 그래요?"

제방이 엄마가 제방이에게 얼른 옷을 입으라고 말했다. 이모는 언니의 '아저씨'란 표현이 제방이에게 이렇게 잘 어울리는 날이 올 거란 생각을 한 번도 하지 못했다. 하지만 제방이는 이제 더 이상 귀엽지 않았다. 심지어 아저씨처럼 징그러웠다.

"제방아, 이모가 제방이 얼마나 예뻐하는지 알지?"
"칫! 됐어. 오늘은 안아 주지도 않고 싫은 표정만 짓고 있잖아."
"아니야, 이모는 언제나 제방이 편이야. 이모가 피자도 사 왔잖아."

"히, 그래. 역시 이모가 내 마음을 잘 알아준다니까. 고마워."

이모의 말에 제방이의 언짢은 기분이 풀어진 듯 보였다. 제방이는 함박웃음을 지으며 엄마가 옷 입으라고 한 말도 무시한 채 피자 한 조각을 보며 군침을 삼킨다. 이모가 또 한 번 그 표정을 보고 몸서리친다.

"제방이 때문에 피자 사 오기는 했는데, 우리 제방이 피자 먹으면 안 될 것 같아. 이모 막 슬퍼지려고 한다."
"뭐가 이모? 내가 왜 피자 먹으면 안 되는데?"

둘째 이모가 제방이 몸매를 한 번 더 쳐다본다. 상처 주면 안 된다는 생각에 이모는 이렇게 말한다.

"아니야, 제방이가 옷을 안 입으니까. 어른이 다 됐는데 옷도 안 입고 피자 먹으려고 하면 안 되잖아."

그때 제방이 엄마가 옆에서 딱 끼어든다.

"제방아, 네 배 봐라. 그게 사람 배냐? 이모가 너 걱정되서 하는 소리야. 얼른 옷 입고 나와."
"헉!"

제방이가 큰 충격을 받고 얼이 빠진 눈으로 엄마를 쳐다봤다. 이모가 제방이의 표정을 보고 얼른 한마디 했다.

"언니, 무슨 말이야? 내가 언제 제방이 살쪘다고 그랬나? 나는 다 컸다고 얘기하는 거였단 말야. 제방아, 신경 쓸 것 없어. 어서 옷 입고 와서 피자 먹어."

하지만 제방이는 충격을 받을 대로 받았다. 이모의 말은 귀에 들어오지도 않았다. 아니, 엄마는 자신의 귀여운 배를 보고 어떻게 사람 배냐고 물을 수가 있는지 믿을 수가 없다. 여러 가지 모양으로 변하는 이런 귀여운 배가 세상에 또 있을까 싶다. 호빵맨, 호빵맨 하면서 귀여워하는 사람들이 아직도 주변에 많이 있는데, 엄마는 어떻게 저렇게 말할 수 있을까 하고 제방이는 생각한다.

"그게 무슨 말이야? 내가 무슨 살이 쪄. 그냥 귀여운 거지. 진짜 기분 나쁘게 그럴래?"
"어머머! 쟤 좀 봐. 너 살쪘거든, 뚱뚱해. 여태 그것도 모르고 있었어?"

"그게 무슨 말이야? 내가 뚱뚱해? 나 피자 못 먹게 하려고 이상한 농담하는 거 아냐?"
"제방아, 너 살쪘어. 지금 팬티만 입고 있으니까 배가 훨씬 더 커 보이는데."

제방이의 머릿속이 갑자기 혼란스러워졌진다. 엄마가 말도 안 되는 소리를 하고 있는데 옆에서 이모는 거들어 주지도 않는다. 세상에 태어나, 튀어나온 배를 부끄러워한 적은 한 번도 없었다. 주위 사람들도 제방이가 통통해서 귀엽다고만 했는데 엄마에게 뚱뚱하다는 말을 들은 제방이는 충격받을 수밖에 없다. 뭔가 달라졌다!

"제방아, 어서 옷 입고 나와서 피자 먹어. 피자 좋아하잖아."

이모가 제방이의 기분을 풀어 주려고 얘기하지만 제방이는 한동안 움직일 수 없었다.

"엄마가 그런 소리 하니까 입맛이 달아나 버렸어. 이모가 나 먹으라고 피자 사 온 건 고마운데 오늘은 그냥 안 먹을래."
"그럴래? 그래, 그러면 제방이 어서 옷 입어. 이모랑 엄마랑 얘기 좀 할게."
"헉!"

제방이는 이모가 피자 먹는 것을 다시 권하지 않자 두 번째 충격을 받는다. 이모도 제방이가 뚱뚱하다고 생각하는 것이 분명하다. 제방이는 갑자기 눈시울이 붉어진다. 쿵쾅쿵쾅 발소리를 내며 자기 방으로 들어가서 쾅! 하고 문을 닫았다.

"언니, 너무 심했어. 제방이 충격받은 것 같아."
"됐어. 쟤도 이제 좀 알아야지. 5학년이 돼 가지고 뚱뚱한 것도 모르고 있으면 말이 돼? 이참에 자기도 살 좀 뺀다고 하겠지."

방에 들어온 제방이는 배를 다시 한번 쳐다본다. 이 탐스럽고 뽀얀 배를 보고 귀엽다는 말보다 뚱뚱하다는 말이 먼저 나온 것이 큰 충격이었다. 지금까지 자신이 뚱뚱하다고 생각해 본 적은 한 번도 없었는데 처음으로 듣는 엄마의 충격적인 말에 제방이는 배가 고파져 온다.
제방이는 피자 냄새에 다시 거실로 뛰쳐나가고 싶다. 하지만 화난 척하고 들어온 방에서 다시 밖으로 나가는 제방이를 보고 이모와 엄마가 뭐라고 할까? 피자의 은은한 향기가 코를 찌르고 참을 수 없는 배 안의 꼬르륵 소리에, 제방이는 자존심이고 뭐고 생각할 것도 없이 팬티만 입은 채 방 밖으로 나간다.

1 〈나는 뚱뚱하다〉를 읽고 떠오르는 생각을 자유롭게 브레인스토밍해 보세요.

> 뚱뚱하다, 다이어트, 피자, 마르다, 지방

2 위에 브레인스토밍한 내용을 다음 마인드맵에 정리해 보세요.

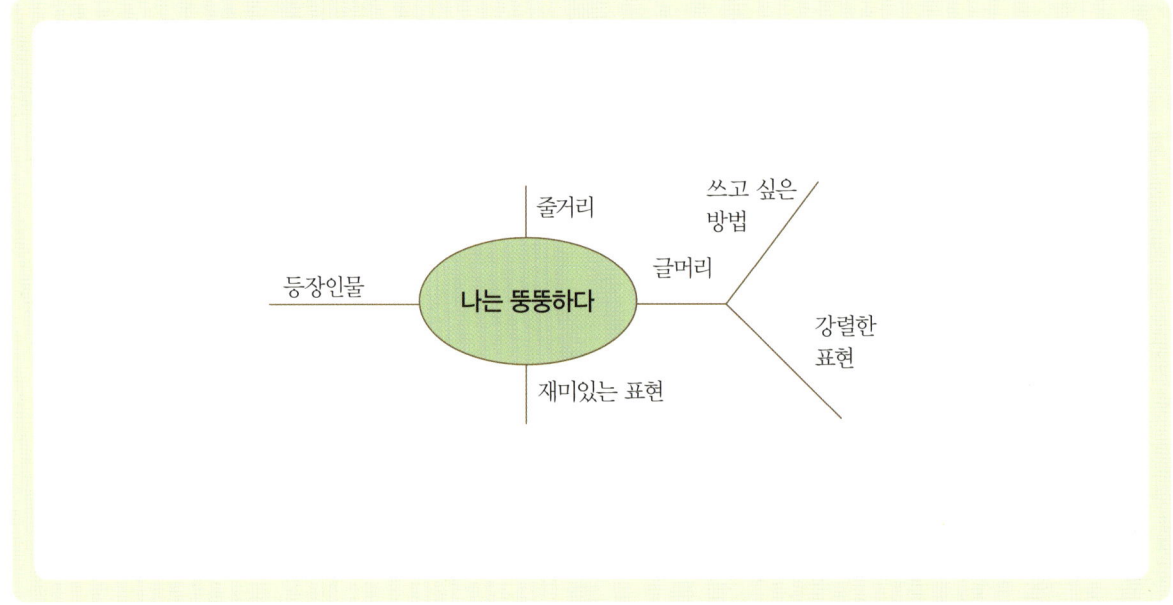

3 위의 내용을 토대로 다음 개요를 완성해 보세요.

줄거리	
생각이나 느낌	
인상 깊은 표현	
글의 내용과 관련된 자신의 경험	

4 앞에 정리한 내용을 바탕으로 '글머리 쓰는 방법' 중 하나를 선택해서 독자의 인상에 남는 '독서 감상문 글머리'를 써 보세요.

잠깐만!! 글머리를 다시 읽고, 글머리가 독자의 관심을 끌 수 있을지 생각해 보세요.

5 위의 글머리에 이어서 독서 감상문을 써 보세요.

06 교과서 글쓰기 - ① 선대칭도형과 점대칭도형(수학)

선대칭도형
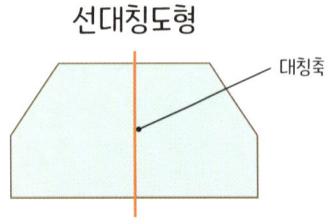
대칭축

- 대응변과 대응각의 크기가 서로 같다.
- 대응점끼리 이은 선분은 대칭축과 수직으로 만난다.
- 대칭축은 대응점끼리 이은 선분을 둘로 똑같이 나눈다.

점대칭도형
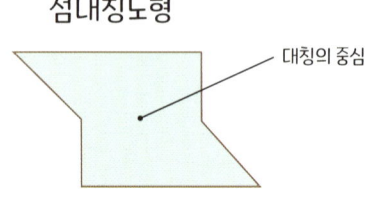
대칭의 중심

- 대응변과 대응각의 크기가 서로 같다.
- 대칭의 중심은 대응점끼리 이은 선분을 둘로 똑같이 나눈다.

알아 두기 수학에서 모양과 크기가 같아서 포개었을 때 완전히 겹쳐지는 두 도형을 서로 '합동'이라고 해요. 이러한 합동의 성질을 이용해서 선대칭도형과 점대칭도형을 나눌 수 있지요. '선대칭도형'이란 한 직선을 따라 접었을 때 완전히 겹치는 도형을 말하고, '점대칭도형'이란 어떤 점을 중심으로 180도 돌렸을 때 처음 도형과 완전히 겹치는 도형을 말해요. 이 단원에서는 합동, 선대칭도형, 점대칭도형을 설명하는 방법을 연습해 봐요.

연습하기

1 다음 〈보기〉의 그림을 선대칭도형과 점대칭도형으로 나누고, 그렇게 나눈 이유를 한 문장으로 써 보세요.

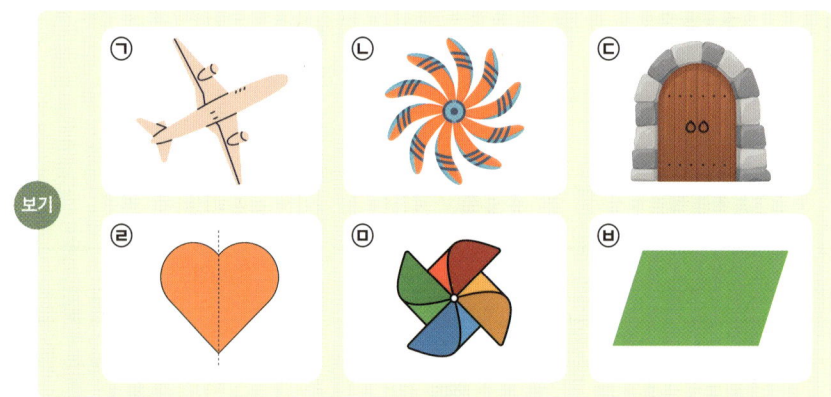

선대칭도형	㉠	반으로 접으면 겹칩니다.
점대칭도형		

2 ㉠은 대칭축 ㄹㅁ을 기준으로 그린 선대칭도형이고, ㉡은 점 ㅁ을 대칭의 중심으로 하는 점대칭도형입니다. ㉠과 ㉡을 그리는 방법을 설명한 글의 빈칸에 알맞은 말을 넣어 '선대칭도형과 점대칭도형 그리는 방법'을 완성해 보세요.

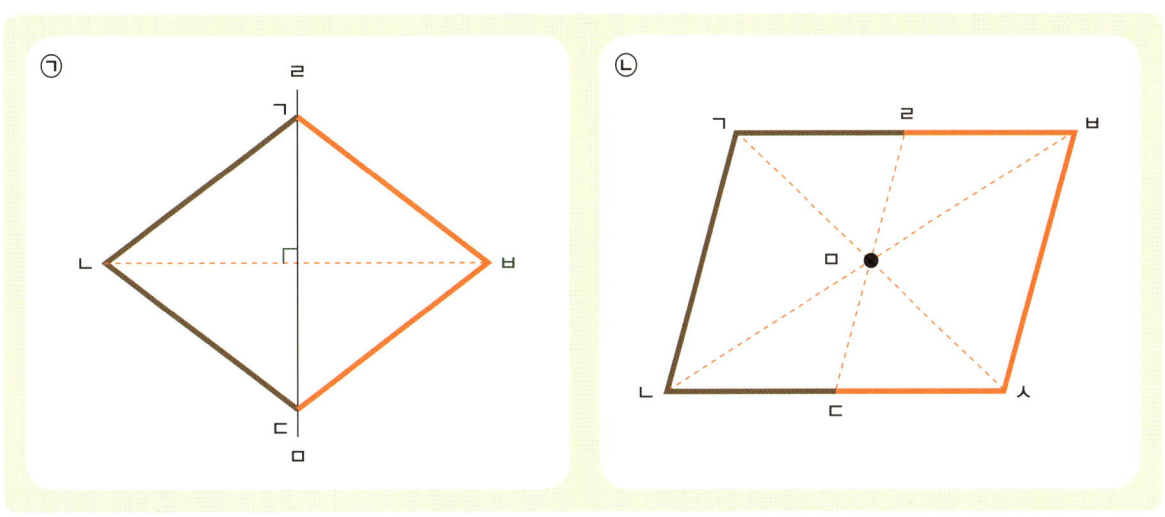

❶ ㉠ 선대칭도형은 _____과 _____의 관계를 활용하여 그릴 수 있습니다. _____ㄹㅁ에 점 ㄴ의 수선*을 잇고, 같은 거리에 있는 _____ㅂ을 찍어 줍니다. 이 _____ㅂ과 점 ㄱ, ㄷ을 쭉 이어 주면 _____ㄹㅁ으로 접었을 때 _____.

* 수선: 일정한 직선이나 평면과 직각을 이루는 직선

❷ ㉡ 점대칭도형은 _____과 _____의 관계를 활용하여 그릴 수 있습니다. 점 ㄱ에서 _____에 있는 점 ㅁ을 선으로 잇습니다. 이때 만들어진 선분 ㄱㅁ과 같은 거리에 있는 _____ㅅ을 찾아 점을 찍어 줍니다. 앞과 같은 방법으로 점 ㄴ의 _____ㅂ을 표시합니다. 점 ㄷ의 _____은 점 ㄹ입니다. 점 ㄷ과 점 ㅅ, 점 ㅅ과 점 ㅂ, 점 ㅂ과 점 ㄹ을 이어 주면 _____.

잠깐만!! 도형 그리는 방법을 설명하려면 수학 용어를 활용해야 해요. 대응점, 대응변이나 대칭축, 수선 등의 용어를 사용하면 좀 더 쉽게 도형 그리기 방법을 설명할 수 있어요.

직접 써 보기 [1~2] 다음 문제를 읽고, 풀이 과정을 설명한 글의 빈칸을 채워 보세요.

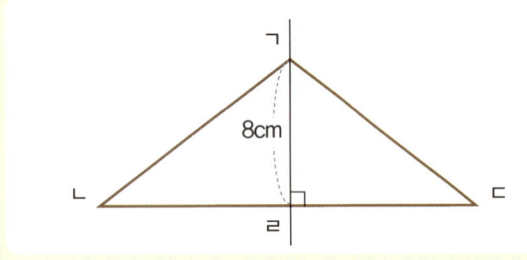

다음 삼각형 ㄱㄴㄷ은 선분 ㄱㄹ을 대칭축으로 하는 선대칭도형입니다. 삼각형 ㄱㄴㄷ의 넓이가 80cm²라면 선분 ㄴㄹ은 몇 cm일까요?

1 위 문제를 풀기 위해 '필요한 조건'을 마인드맵으로 완성해 보세요.

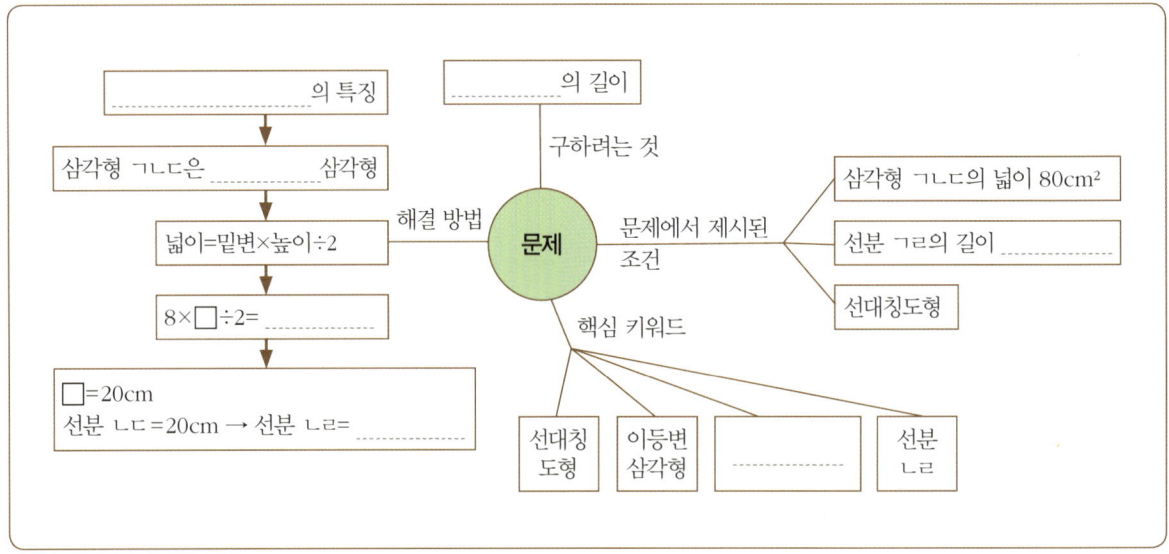

2 작성된 마인드맵을 토대로 빈칸에 알맞은 말을 넣어 '문제의 풀이 과정'을 완성해 보세요.

문제에서 구하려는 것은 _____의 길이입니다. 문제에 제시된 조건은 삼각형 ㄱㄴㄷ은 _____, 그 넓이는 80cm²이고, 선분 ㄱㄹ의 길이가 8cm란 것입니다. 이 문제를 풀기 위해서는 삼각형 ㄱㄴㄷ이 선대칭도형이란 것에 집중해야 합니다. 선대칭도형의 특징에 따라 삼각형 ㄱㄴㄹ과 삼각형 ㄱㄷㄹ은 _____이므로 삼각형 ㄱㄴㄷ은 _____ 삼각형이라고 할 수 있습니다. 삼각형 ㄱㄴㄷ의 넓이 80cm²는 8×☐÷2란 식으로 구할 수 있습니다. ☐는 선분 _____의 길이이므로, 선분 ㄴㄹ의 길이는 선분 _____의 반인 _____라는 것을 알 수 있습니다.

[3~4] 다음 문제를 읽고, 풀이 과정을 직접 써 보세요.

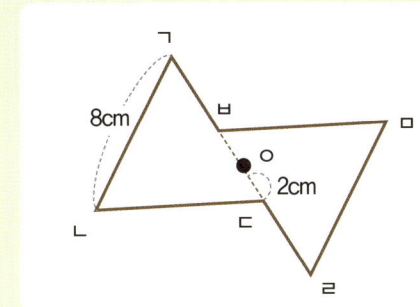

다음 도형은 정삼각형 두 개를 합쳐서 만든 점대칭도형입니다. 점 ㅇ이 대칭의 중심이라면 도형의 둘레는 몇 cm일까요?

3 위 문제를 풀기 위해 '필요한 조건'을 마인드맵으로 그려 보세요.

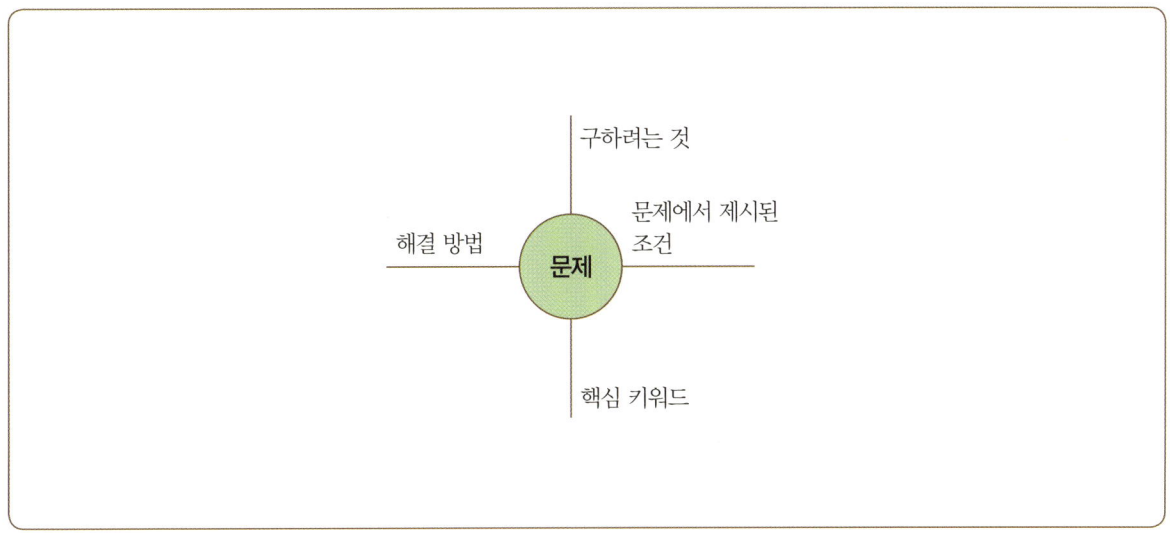

4 작성된 마인드맵을 토대로 '문제의 풀이 과정'을 써 보세요.

07 교과서 글쓰기 - ② 날씨와 생활(과학)

연습하기 [1~2] 〈보기〉처럼 낱말의 뜻을 찾아 마인드맵으로 분류하고, 한 편의 글을 써 보세요.

다음 낱말 중 사전에서 뜻을 찾을 수 있는 것을 골라, 그 뜻을 적어 보세요.

습도, 습도가 높다, 습도가 낮다, 습도 조절하는 방법

| 습도 | 공기 가운데 수증기가 들어 있는 정도 |

낱말의 뜻을 마인드맵으로 분류하고, 이를 바탕으로 한 편의 글을 써 보세요.

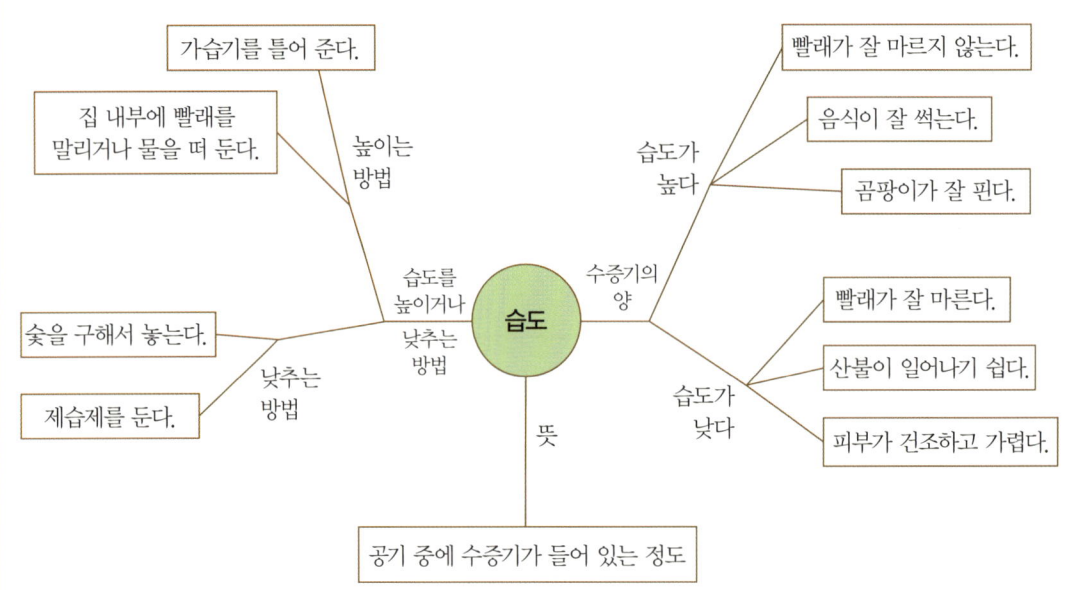

보기

　습도란 '공기 중에 수증기가 들어 있는 정도'를 말한다. '습도가 높다'는 말은 공기 중에 수증기가 많은 것을 뜻하고, '습도가 낮다'는 말은 공기 중에 수증기가 적다는 것을 의미한다. 습도가 높으면 빨래가 마르지 않고, 곰팡이가 피어서 음식이 잘 썩는다. 습도가 높은 여름에는 집 안에 제습제나 숯을 두어 습도를 낮출 수 있다. 습도가 낮으면 빨래가 쉽게 마르지만 산불이 일어나기 쉽고, 피부가 건조하여 가려울 때가 많다. 습도가 낮은 겨울에는 집안에서 빨래를 말리거나 가습기를 틀어서 습도를 높일 수 있다.

1. 다음 중 사전에서 뜻을 찾을 수 있는 것을 골라 그 뜻을 적어 보세요.

> 응결, 이슬, 안개, 이슬과 안개의 공통점과 차이점, 생활 속 응결 예시

응결	
이슬	
안개	

2. 낱말의 뜻을 마인드맵으로 분류하고, 이를 바탕으로 한 편의 글을 써 보세요.

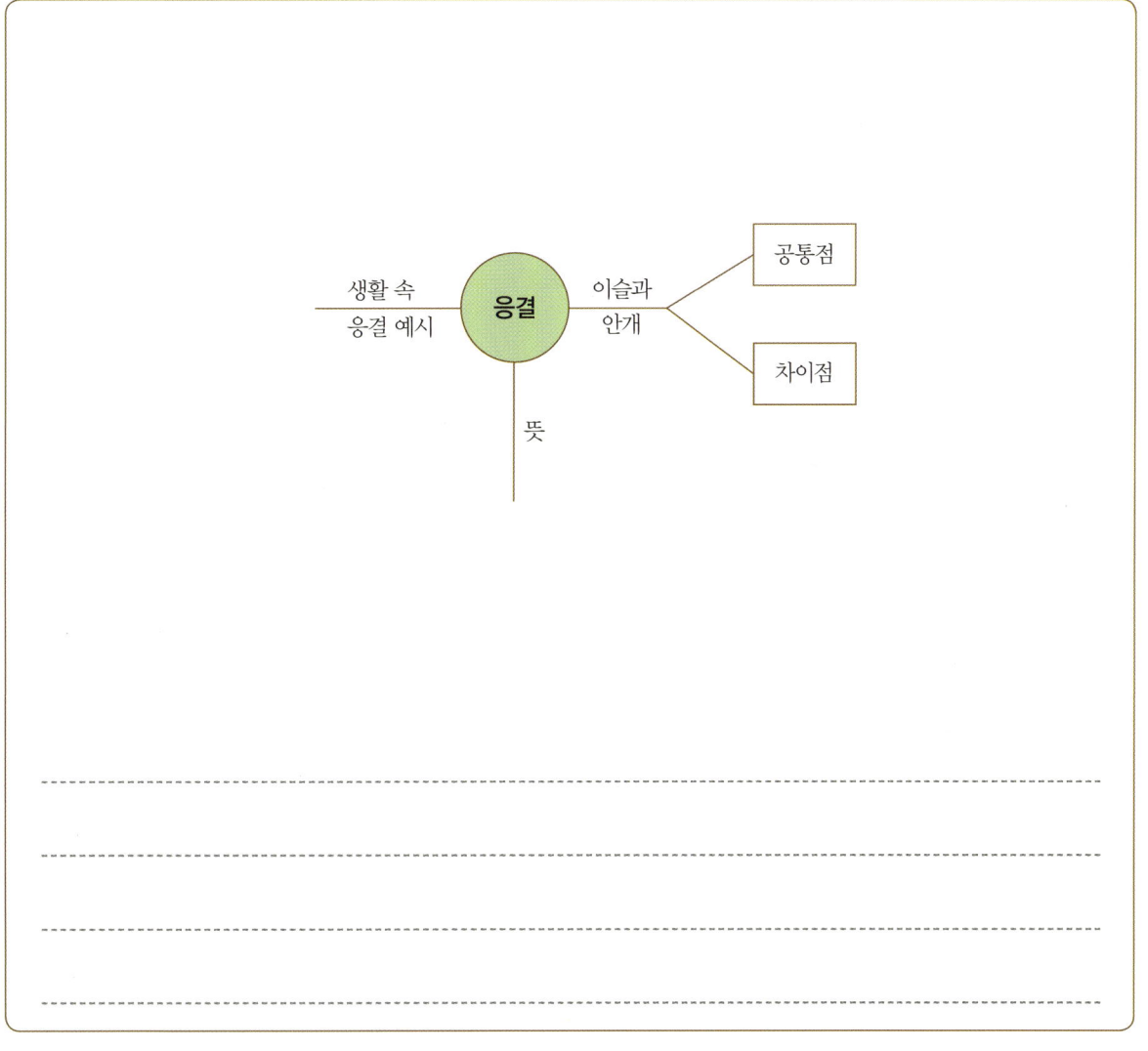

답안 가이드

* 여기 제공되는 답은 예시 답안입니다. 자기 생각을 담아 직접 써 보는 문제의 경우는 다양한 답이 나올 수 있습니다.

1단원 재미있게 쓰기

01 여러 가지 낱말의 관계 알기 ① ······ pp. 12~13

연습하기

1 ❶ 맑다-탁하다, 쉽다-어렵다
지하철 안 공기가 <u>탁하다</u>.
이번 수능은 문제가 다소 <u>어렵게</u> 출제되었다.
❷ 메추리알, 공감하다
어머니께서 <u>메추리알</u> 장조림을 해 주셨다.
나는 다른 사람의 아픔을 누구보다 <u>공감해</u> 주고 싶다.
❸ 코, 피부
오늘은 유난히 추워서 <u>귀</u>마개를 하고 나왔다.
떡볶이가 <u>혀</u>에 닿자 매운맛이 확 올라왔다.
❹ 뭉게뭉게, 철썩철썩, 훨훨
초가집에서 연기가 <u>뭉게뭉게</u> 피어오르고 있다.
한가로운 여름날, 파도가 <u>철썩철썩</u> 치는 해변에서 모래를 밟으며 걸었다.
❺ 강하다
<u>강하게</u> 고집을 부리던 영호가 <u>강한</u> 힘 앞에 굴복했다.
이번 여름의 <u>강한</u> 더위를 이겨 내는 것은 에어컨 없이 불가능하다.
❻ 1-귀, 2-속, 3-침
<u>귀</u>가 얇은 나는 과자 하나를 고르는 데도 오랜 시간이 걸린다.
엄마는 옆집 철수의 인사성이 바르다고 <u>침</u>이 마르도록 칭찬하였다.

▶ **귀가 얇다**: 남의 말을 쉽게 받아들인다. **속 끓이다**: 마음을 태우다. **침이 마르다**: 다른 사람이나 물건에 대하여 거듭해서 말하다.

02 여러 가지 낱말의 관계 알기 ② ······ pp. 14~17

연습하기

1 ❶ 알코올 온도계, 적외선 온도계
❷ 치아가 많이 상했다고 말씀하셨다
❸ 양손에 도구를 꽉 쥐고
❹ 입이 무거워서 친구의 비밀을 함부로 다른 사람에게
❺ 큰 돌을 첨벙 빠드렸더니, 나풀나풀 연못으로 떨어졌다
❻ 문을 닫으면 덥고, 문을 열면 추운 가을밤,
❼ 흑연을 끼워 만든 필기도구이다
❽ 나는 발 빠르게 손을 들었다.

▶ **입이 무겁다**: 말이 많지 않고 비밀을 잘 지킨다. **발이 빠르다**: 알맞은 조치를 신속히 취하다.

2 ❶ 진분수
<u>진분수</u>는 분자가 분모보다 작은 분수를 말한다.
❷ 아름답다
에메랄드 빛 바다와 붉은 구름이 이곳 전경을 한층 <u>아름답게</u> 만들어 주었다.
❸ 어렵다
우리나라는 일본으로부터 독립하기 위해 많은 사람이 <u>어려운</u> 일을 겪어야만 했다.
❹ 물고기
인어 공주는 인간이 되는 방법에 대해서 다양한 <u>물고기</u>와 이야기를 나누었다.
❺ 모르다
약분과 통분에서 <u>모르는</u> 것이 많아서 엄마와 함께 분수 단원을 복습했다.
❻ 방글방글
귀여운 동생을 바라보면 나는 실없이 <u>방글방글</u> 웃게 된다.

직접 써 보기

1 ❶ 1) 아침이 밝았다.
2) 현우는 따뜻한 햇살을 받으며 아침으로 빵과 우유를 먹었다.
❷ 자기 의견만 고집하는 하나에게 불만을 토로해도 내 속은 풀리지 않을 것만 같았다.

❸ 수빈이는 자신이 가난하다는 사실을 깨닫고, 어금니를 악물었다.

▶ **속이 풀리다**: 화를 냈거나 토라졌던 감정이 누그러지다. 거북하던 배 속이 가라앉다. **어금니를 악물다**: 고통이나 분노 따위를 참으려고 이를 악물어 굳은 의지를 나타내다.

03 문장의 흐름에 맞게 이어 쓰기 ...... pp. 18~21

연습하기

1 ❶ 소중한 하루를 마치고, 하루 일을 생각하며 반성하는 일기를 쓰는 것입니다
 ❷ 광개토대왕은 북쪽과 남쪽으로 영토를 넓히고, 고구려의 전성기를 이끌었습니다.
 ❸ 화성과 목성은 지구보다 태양에서 먼 행성으로 생명체가 살지 않습니다.
 ❹ 칭찬을 할 때는 상대방의 행동을 구체적으로 설명하고, 결과보다는 과정을 칭찬해야 합니다.
 ❺ 평균은 주어진 자료의 값을 모두 더한 후 자료의 갯수로 나누면 구할 수 있습니다.
 ❻ 이슬은 차가워진 풀잎에 수증기가 응결해서 물방울이 맺히는 현상입니다.
 ❼ 또, 내가 연주하는 악기의 소리가 다른 사람이 연주하는 가락과 어울리도록 조화롭게 연주해야 합니다.
 ❽ 그리고 대칭이란 한쪽으로 기울지 않고, 한 축을 기준으로 접었을 때 안정감있는 모양이 되는 것입니다.
 ❾ 그러므로 남녀 모두 피부를 청결히 관리하고, 속옷을 매일 갈아입어야 합니다.
 ❿ 이를 해결하기 위해서는 그러한 상황이 발생했을 때 싫다는 의사 표현을 확실히 하고, 문제를 해결할 수 있는 기관의 연락처를 미리 알아 두어야 합니다.
 ⓫ 예를 들면, 노래를 부르거나 몸을 활용해 춤을 출 수 있습니다. 또, 여러 가지 악기를 연주해서 자신의 감정을 표현할 수 있습니다.
 ⓬ 물의 양이 같을 때는 물의 온도가 높을수록 더 많은 양의 붕산이 용해됩니다.

04 릴레이 글쓰기 ...... pp. 22~25

직접 써 보기

1 ❷ 그가 마법사라는 것을 내가 어떻게 알았을까? 그는 **망토**를 두르고 **순간 이동**으로 내 앞에 나타났기 때문이다.
 ❸ 마법사는 나를 **우주** 먼 곳에 있는 나메크성으로 데려갔다.
 ❹ 나메크성은 지구와 비슷한 **파란** 하늘을 가진 **아름다운** 행성이었다. 또, 그곳에는 일곱 개를 모으면 한 가지 **소원**을 들어주는 구슬, 드래곤볼이 있었다.
 ❺ **그래서** 마법사와 나는 드래곤볼을 모아 한 가지 **소원**을 이루기로 했다. 동에 번쩍, 서에 번쩍하며 마법사는 순간 이동으로 내가 드래곤볼 일곱 개를 **순식간**에 모을 수 있게 도와주었다.
 ❻ 사실 나는 마법사와 함께 있는 것이 **별로** 즐겁지 않았다. 이 문제를 해결하기 위해 나는 집에 다시 돌아가게 해 달라는 소원을 빌었다. '**뿅**' 집에 돌아와 보니 모든 게 **꿈**이었다는 것을 깨달았다.

2 ❷ 라면에는 여러 가지 **종류**가 **있습니다**. 예를 들면, 신라면, 진라면, 참깨라면, 삼양라면 등이 **있습니다**. 그중에서도 저는 너구리를 가장 **좋아합니다**.
 ❸ 한국에서는 1963년에 삼양라면이 가장 먼저 **출시되었습니다**. 처음에는 라면의 **맛**이 느끼해서 잘 **팔리지** 않았지만 매운맛이 가미되면서 라면은 점차 인기 식품이 되었습니다.
 ❹ 라면은 보통 면, 건더기 수프, 분말 수프로 **구성됩니다**. 라면은 냄비와 물만 있으면 **끓여** 먹는 데 큰 문제가 없습니다.
 ❺ 한국에서는 짜장면과 비슷한 **짜파게티**도 많이 먹습니다. 보통 라면은 빨갛고 맵지만 짜파게티는 **거멓고** 순합니다.
 ❻ 짬뽕 종류인 진짬뽕, 간짬뽕, 오징어짬뽕과 비빔면 종류인 팔도비빔면, 배홍동, 진비빔면 등

종류가 많습니다. 하지만 저는 특이한 라면보다는 국물이 있는 얼큰한 원조 라면을 더 좋아합니다.

3 ❷ BTS 멤버 모두가 내 앞에서 멋진 춤을 췄다. "꺅!" 나는 있는 힘껏 소리를 질렀다.
❸ 일 년 전 싫어하는 가수를 만났을 때는 기분이 꽝이었지만 최고로 좋아하는 BTS를 만나자 내 마음은 설렘으로 물들었다.
❹ 처음에는 공연 티켓이 바가지를 씌우는 것처럼 비싸게 느껴졌지만 공연장 안에 들어와 보니 왜 그렇게 비쌌는지 알 수 있었다.
❺ BTS 멤버들의 얼굴은 내가 지금껏 살면서 본 사람 중에 가장 잘생긴 것 같다. 그들의 낯을 본 순간 심장이 멈추는 줄 알았다.
❻ 내 생애 가장 행복한 순간이었다. 앞으로 이때를 영원히 기억하며 BTS 형들의 노래를 열심히 듣고 싶다.

05 오감을 활용한 표현을 넣어 문장 쓰기
……pp. 26~27

연습하기

1 ❶ 이것을 먹으면 돼지기름의 고소한 맛과 함께 고기의 담백한 맛이 혀끝에서 느껴진다. / 삼겹살
❷ 꾀꼬리가 노래하는 듯 가볍고 통통 튀는 소리가 음악을 더욱 아름답게 만들어 준다. 하지만 잘 불지 못하면 삑삑 소리만 나는 시끄러운 소음이 되기도 한다. / 리코더
❸ 많은 전문가가 반복적이고 규칙적인 업무는 이것이 인간을 대체할 수 있다고 말한다. / 챗GPT(ChatGPT)
❹ (후각) 이것의 냄새를 맡으면 약간의 단내가 나고, 어떤 것에서는 레몬 향이 나기도 한다. (촉각) 이것을 손에 엎지른 적이 있는데 시원한 맛과는 다르게 끈적끈적하고, 달라붙는 느낌 때문에 기분이 그리 좋지 않았다. / 콜라
❺ (시각) 이런 증상을 자주 경험하는 사람은 음식을 빨리, 많이 먹는다. (청각) 전문가들은 이럴 때 엄지와 검지 사이의 움푹한 곳을 눌러 주거나 엄지 손톱 아랫부분을 바늘로 따라고 말한다. / 체

▶ **정답 지도 시 주의할 점** 누군가에게서 들은 말을 쓰는 것도 청각적 표현이라고 볼 수 있다는 것을 알려 주세요.

06 오감을 활용한 표현을 넣어 글쓰기 ①
……pp. 28~29

연습하기

1
뭉크의 절규

〈절규〉는 노르웨이 화가 에드바르 뭉크가 19세기 말 그린 작품이다. 이 그림은 한 사람이 다리 위에 서서 눈을 동그랗게 뜨고 놀라는 표정을 하고 있는 것처럼 보인다. 그림의 기괴하고 무서운 분위기 때문에 지금까지도 많이 회자되고 있다. 〈절규〉는 나에게 여러 가지 생각과 느낌을 준다. 우선, 고요하고 정적이 흐르는 도시에서 이 사람은 어떤 비명을 들은 것 같다. 그리고 강에서 올라오는 시큼한 냄새와 두려움 때문에 속에서 느껴지는 쓴맛, 차가워진 손과 소름이 돋을 듯한 바람이 그의 마음을 더욱 옥죈다. 그가 어떤 마음으로 이 다리에 서 있는지 내게 조금이나마 알려 준다.

이 그림을 본 후 매질을 하는 부모 밑에서 자라 마음의 여유가 하나도 없는 아이가 학교에서 괴롭힘을 당하는 장면이 떠올랐다. 우리는 누군가에게 상처 주고 있지 않은지 반성하면서 인생을 살아야 할 것이다.

직접 써 보기

1

나의 경험	
작품이나 문화 유산	불국사 다보탑
시각	화려한 장식과 유려한 곡선미를 볼 수 있는 아름다운 탑
청각	스님의 은은한 목탁 소리
후각	오래되었지만 풋풋한 세월의 냄새
미각	석가탑과 다르게 상큼한 맛이 감돈다.
촉각	우둘투둘한 돌의 감촉

2 　　　　　불국사 다보탑
불국사 안쪽에 두 개의 탑이 세워져 있다.
다보탑과 석가탑.
다보탑,
석가탑과 다른 상큼한 맛!
화려한 장식과 유려한 곡선미.
절 안에서 들리는
스님의 은은한 목탁 소리.

오래되었지만 풋풋한 세월의 냄새 속에 우둘투둘한 돌의 감촉이 느껴진다.

07 오감을 활용한 표현을 넣어 글쓰기 ②
······ pp. 30~31

직접 써 보기

운동회
시각: 바람에 펄럭이는 만국기, 아이들이 뛰는 모습, 백군과 청군
청각: 호루라기 소리, '힘내, 이겨라'라는 응원
후각: 친구들의 땀 냄새, 줄다리기할 때 힘껏 잡은 줄에서 나는 퀴퀴한 냄새
미각: 목마를 때 마시는 시원한 물맛, 배고플 때 먹는 꿀맛 같은 도시락
촉각: 뜨거운 친구의 등, 가벼운 콩 주머니, 선선한 날씨

↓

〈운동회〉
날씨가 선선해지는 10월, 초등학교 운동장에서 운동회가 한창이다. 바람에 펄럭이는 만국기, 힘껏 달리는 아이들, 백군과 청군의 용호상박!

선생님의 호루라기 소리에 맞추어 힘껏 달리는 아이들과 그들을 열심히 응원하는 또 다른 아이들, 머리에 땀이 나는 줄도 모르고, 모든 아이가 자기 팀의 승리를 위해 무언가에 집중하고 있다.

가벼운 콩 주머니를 손에 힘껏 쥐고 바구니에 넣기 위해 안간힘을 쓰는 아이들, 퀴퀴한 냄새가 나는 줄에 매달려 자기편으로 줄을 가져오기 위해 오만상을 짓는 아이들, 뜨거운 등판을 흔들며 빠르게 운동장을 도는 계주 주자들!

경기가 끝나고 난 후에 마시는 시원한 물맛, 거기에다가 배고플 때 먹는 도시락은 꿀맛이다. 이 모든 것이 운동회에서 느낄 수 있는 즐거움 아닐까?

2단원 바르게 문장이나 문단 쓰기

01 문단 쓰기
·············· pp. 34~39

연습하기

1 ❶ 아버지는 제게 큰 영향을 끼친 **훌륭한** 분입니다. / 아버지께서 계셨기 때문에 제가 여기까지 올 수 있었고, **의미** 있는 인생을 살게 되었습니다. 아버지, **감사**합니다.
❷ 은행나무가 주는 여러 가지 **이익**이 있습니다. / 고급 **가구**나 바둑판 등에 사용될 정도로 인기가 많습니다 / 여러 가지 추출물은 건강 보조 식품이나 **의약품**으로 사용됩니다.
❸ 전 세계에서 우리 **국토**는 어디에 위치하는지 살펴보겠습니다. / 동쪽으로는 동해를 사이에 두고 일본과 가까이 있습니다. 우리나라는 아시아와 **태평양**이 마주하는 곳에 위치해 있어서 대륙과 바다로 나가기에 유리합니다.
❹ 긍정적인 생각을 가지고 **인생**을 삽시다. / 그리고 긍정적인 생각은 다른 사람에게 **희망**과 기쁨을 줍니다. 마지막으로 긍정적인 생각은 삶에 자신감과 더 많은 기회를 **제공합니다**.
❺ 색의 속성에는 색상, 채도, 명도가 있습니다. / 색의 **맑고** 탁한 정도를 말합니다. 빨강, 노랑, 파랑과 같은 순색은 **채도**가 높다고 할 수 있습니다. **명도**는 색의 **밝고** 어두운 정도를 말합니다. 하얀색은 **명도**가 높고, 검은색은 **명도**가 낮다고 표현합니다.

직접 써 보기

1 ❶ 책상 수와 책상 다리 수 사이에는 어떠한 관계가 있을까요? 책상은 네 개의 다리를 가지고 있습니다. 그러므로 책상이 한 개 늘어날 때마다 책상 다리가 네 개씩 늘어납니다. 이러한 관계를 식으로 나타내면 '책상 수×4=책상 다리 수'가 됩니다.

❷ 수송 수단이 사용되는 곳을 땅, 물, 공중으로 분류할 수 있습니다. 땅에서 이동하는 수송 수단은 기차, 버스, 자동차, 자전거 등이 있고, 물에서 이용하는 수송 수단은 배, 잠수함, 여객선 등이 있습니다. 공중에서 움직이는 수송 수단으로는 드론, 비행기, 우주 왕복선 등이 있습니다.

❸ 우리가 주위에서 볼 수 있는 여러 가지 광고가 있습니다. 공익 광고는 누구나 이해할 수 있는 교육적인 내용을 광고합니다. 영화 포스터는 관객들의 궁금증을 유발하여 사람들이 영화를 보게 만듭니다. 상업 광고는 마음속에 오래 남는 내용을 광고하여 소비자가 상품을 구매할 수 있게 유도합니다.

❹ 우리나라는 다양한 지형적 특징을 가진 곳이 많습니다. 이러한 자연적 특성 때문에 많은 사람이 자연환경을 이용하며 살아갑니다. 하천과 평야에는 사람들이 살기에 유리한 도시가 발달하거나 논농사를 중심으로 농업에 종사하는 사람이 많이 거주합니다. 그리고 하천에 댐을 설치하여 전기를 생산하고, 홍수나 가뭄의 피해를 막고 있습니다. 산지에서는 지하 자원과 삼림 자원을 캐거나 스키장이나 휴양 시설을 개발합니다. 마지막으로 해안에서는 해산물을 채취하거나 해수욕장이나 양식장을 만들어 지형을 활용합니다.

❺ 세균에 대해서 정리해 보겠습니다. 세균은 공, 막대, 나선 모양 등 다양한 생김새를 가지고 있습니다. 크기가 작고 단순하며, 짧은 시간에 개체가 급증하는 특징을 가지고 있습니다. 세균은 다양한 곳에 살고, 우리가 사용하는 거의 모든 물체에 존재합니다. 세균은 맨눈이나 돋보기로 관찰이 불가능하기 때문에 현미경을 활용하여 조사합니다.

02 문단 점검하기 ·············· pp. 40~43

연습하기

1 ❶ 어의가 → 어이가
❷ 피는것은 → 피우는 것은
금지돼어 → 금지되어
❸ 않된다고 → 안 된다고
웬지 → 왠지

2 ❶ 보낼 수 있었다
맞춤법: 전시돼어 → 전시되어
띄어쓰기: 세 시간 만에
❷ 이루 말할 수 없이 컸다
맞춤법: 멤돌았다 → 맴돌았다
띄어쓰기: 참을 수
❸ 시각 기호는 언어가 달라도 사람들이 쉽게 이해할 수 있도록 간단하게 그려야 합니다.
맞춤법: 간결한 → 간결한
띄어쓰기: 알 수 있도록, 각종
❹ 나무 집에서 일어나는 일
맞춤법: 갇고 → 갖고, 안을까? → 않을까?
❺ 어렵고, 사용하는 흙이 귀해서 왕족이나 귀족들만 주로 사용했다
맞춤법: 매운 → 메운, 배게 → 베개
띄어쓰기: 발전시켜 만든

▶ **정답 지도 시 주의할 점** 같은 답을 쓰지 않아도 괜찮습니다. 문단의 의미가 통하도록 정답을 작성하면 맞는 답이라고 해 주세요.

03 여러 가지 주제로 문단 구성하기 - ① 광복절
············ pp. 44~45

연습하기

1 8월 15일, 광복, 일제 패망, 핵폭탄, 하얼빈

2 핵–핵심은 일제가 조선을 침략했다는 것이다.

폭-폭력을 앞세워서 많은 사람에게 고통과 시련을 준 그들의 만행.
탄-탄식이 저절로 나오는 행동을 저질렀지만, 아직도 이 행동을 반성하지 않는 일본 사람들이 많다.

3 간도 참변, 간토 대지진 조선인 학살, 일제의 자원 수탈(공출)

> **직접 써 보기**

1 1945년 8월 15일, 광복이 이루어졌다. 하지만 일본 제국이 대한민국을 발전시켰다며 이치에 맞지 않는 소리를 늘어놓는 일본 사람들이 있다. 폭력을 앞세워서 많은 사람에게 고통과 시련을 준 그들의 행동을 반성하지 않는 파렴치한 생각이라고 할 수 있다. 간도 참변, 간토 대지진 조선인 학살, 전쟁에서 밀리자 조선인들의 모든 자원을 약탈해 간 공출 등. 일제는 탄식이 저절로 나오는 행동을 우리에게 저질렀지만 아직도 자신들의 잘못을 반성하지 않는 사람들이 많다.

▶ **정답 지도 시 주의할 점** 자신이 쓴 글을 다시 읽고 삭제하거나 추가할 문장은 없는지 살펴보게 해 주세요. 혹시 문장이 자연스럽지 않다면 어떻게 수정해야 할지 한 번 더 고민해 보도록 아이에게 알려 주시기 바랍니다.

04 여러 가지 주제로 문단 구성하기
— ② 쓰고 싶은 이야기 ······ pp. 46~47

> **연습하기**

1 마법사, 공주, 왕자, BTS, 손흥민, 축구, 골

2 **마**-마법을 사용해서 무엇이든 할 수 있다면 행복할까?
법-법도 지키지 않고 그냥 막 살게 될까? 아니면 바른 마음으로 남을 도우며 살게 될까?
사-사람은 바르게 살 때 더 풍족한 인생을 살게 된다. 욕망이 이끄는 대로 살면 그 끝은 파멸이다.

3 욕망은 중독된다, 욕망은 채우려 할수록 더 커진다.

> **직접 써 보기**

1 마법을 사용해서 무엇이든 할 수 있다면 행복할까? 그렇게 산다면 법도 지키지 않고, 그냥 막 살게 될까? 아니면 바른 마음으로 남을 도우며 살게 될까? 마음대로 원하는 것을 모두 가질 수 있다면 나는 풍족하게 살 수 있을까? 아니다. 사람의 욕망은 끝이 없다. 채우려 할수록 더 커진다. 욕망이 이끄는 대로 살면 인생의 끝은 파멸이 있을 뿐이다.
오히려 사람은 바른 마음을 가지고, 남을 도우며 살아갈 때 더 행복하다. 바르게 살면 살수록 풍족한 인생이 되는 것이다. 성실하고 바르게 살면 몸은 비록 힘들지라도 나의 마음은 점점 사랑으로 가득 찰 것이다.

05 여러 가지 주제로 문단 구성하기 — ③ 아기
······ pp. 48~49

> **연습하기**

1 예쁘다, 동생, 방긋방긋, 귀엽다, 교육, 책 읽어 주기, 힘들다, 꼬깔콘

2 **귀**-귀여운 아기가 아장아장 나에게 걸어온다.
엽-엽서에 그려져 있는 단풍 나뭇잎이 그리도 신기했나 보다.
다-다가온 아기는 고사리같이 작은 손을 나뭇잎에 갖다 댄다.

3 아기의 또랑또랑한 눈, 입을 헤 벌리고 다가오는 아기

> **직접 써 보기**

1 가만히
옛 추억에 잠겨
엽서를 보고 있던 나.

아기가 그 모습을 보고
갑자기 눈동자를

또랑또랑하게 뜬다.

아장아장 온 힘을 다해서
입이 헤 벌어진 것도 모른 채
한 곳을 뚜렷이 보고 다가오는 아기

다가온 아기는
내가 보는 엽서의 단풍 나뭇잎에
고사리같이 작은 손을 갖다 댄다.

방긋방긋 웃는 아기의 미소에
새로운 추억이
하나 더 쌓여 간다.

06 여러 가지 주제로 문단 구성하기 - ④ 인터넷
······ pp. 50~51

연습하기

1 컴퓨터, 네트워크, 통신망, 세계, 소통 창구, 연결

2 **컴**-컴퓨터 인터넷 기능을 갖춘 스마트폰 하나만 있으면 세상 어디서든 살아가는 데 아무 문제가 없다.
퓨-퓨(푸)짐한 음식이 있는 음식점의 위치를 검색 한 번이면 정확히 찾을 수 있다.
터-터미널에서 버스를 놓쳤을 때, 택시까지 부를 수 있는 편리한 기능이 스마트폰 하나에 다 들어 있다.

3 프랑스 파리에서 구글 맵 사용, 걸러서 읽어야 할 광고성 글

직접 써 보기

1 　얼마 전에 가족과 함께 5박 6일 일정으로 프랑스 파리에 다녀왔다. 생전 처음 가 본 이곳에서 우리 가족은 어떻게 생활할 수 있었을까? 컴퓨터 인터넷 기능을 갖춘 스마트폰 하나만 있으면 세계 어디서든 살아가는 데 아무 문제가 없다. 맛있는 음식을 파는 가게를 블로그에서 검색하고, 그 위치를 구글 맵으로 정확하게 찾았다. 베르사유 궁전으로 가야 할 버스를 놓쳤을 때 우리는 당황하지 않고 스마트폰으로 택시를 불러 편하게 다녀올 수 있었다. 다만 스마트폰으로 검색할 때 광고성 글이 많은데 그러한 정보만 잘 거를 수 있다면 스마트폰은 세상에서 가장 편리한 기계라고 할 수 있다.

07 여러 가지 주제로 문단 구성하기 - ⑤ 산과 염기
······ pp. 52~53

연습하기

1 리트머스 종이, 페놀프탈레인 용액, 양배추 지시약, 식초, 레몬즙, 비눗물

2 **비**-비슷하거나 다른 성질을 가진 용액에는 무엇이 있을까?
눈-눈(눈)으로는 알 수 없지만 용액은 크게 산성 용액과 염기성 용액으로 나눌 수 있다.
물-물은 산성이 될 수도, 염기성이 될 수도 있다.

3 산성 용액과 염기성 용액의 성질

직접 써 보기

1 　액체는 성질에 따라 크게 두 가지로 분류된다. 눈으로는 구분이 불가능하지만 용액은 산성과 염기성으로 나뉜다. 산성 용액은 레몬즙, 묽은 염산, 식초, 탄산수 등을 말하며 탄산칼슘(달걀 껍질 등)을 녹이는 성질을 가지고 있다. 염기성 용액은 비눗물, 묽은 수산화나트륨 용액, 석회수 등을 말하며 옷에 묻은 때나 접시에 묻은 기름을 제거할 수 있다. 그렇다면 물은 이 중에서 어디에 속할까? 물에 포함된 수소 이온의 농도가 짙으면 산성, 그렇지 않으면 염기성을 띤다고 말할 수 있다.

08 주어, 서술어 간의 호응 알기
······ pp. 54~55

연습하기

1 ❶ 갈 것이다 → 갔었다
❷ 로봇 박물관에서 → 로봇 박물관은
❸ 잡았다 → 잡혔다

2 ❶ 나는 아침부터 바쁘게 ~~움직일 것이다~~. 오늘 드디어 반장 선거가 ~~뽑히고 싶기~~ 때문이다.
　　　　　　　　　　움직였다.　　　　　　　　　　　　　　　실시되기

나는 ~~머리와~~ 깨끗한 옷을 찾아서 입었다. 아이들에게 신뢰받을 수 있는 사람이 되려면 겉
머리를 단정히 빗고,

모습도 깔끔해야겠다고 생각했다. 나는 어제 하루 종일 ~~준비할~~ 공약을 다시 한번 거울 앞에
　　　　　　　　　　　　　　　　　　　　　　　　　　준비한

서 외웠다. "저를 반장으로 뽑아 주신다면……." 이제 나는 ~~심호흡과~~ 현관문을 나설 것이다.
　　　　　　　　　　　　　　　　　　　　　　　　심호흡을 하고

❷ 초등학교에서 인권이 침해되는 사례는 여러 가지가 ~~합니다~~. 한 학생이 별명을 부르지
　　　　　　　　　　　　　　　　　　　　　　　　있습니다.

~~말라고~~ 아이에게 계속해서 장난을 친다면 이것은 인권 침해라고 할 수 있습니다. 또, 힘이
말라는

센 친구가 자신이 해야 할 일을 힘이 약한 친구에게 ~~하는~~ 것도 인권을 침해했다고 말할 수
　　　　　　　　　　　　　　　　　　　　　　시키는

있습니다. 모든 사람의 인권은 소중하므로 함부로 인권을 ~~침해하는 일을~~ 일어나서는 안 되
　　　　　　　　　　　　　　　　　　　　　침해하는 일이

겠습니다.

09 꾸며 주는 말과 서술어의 호응 알기
.... pp. 56~59

연습하기

1 ❶ 가난하고 → 가난할지라도
❷ 됐다 → 될 것 같다
❸ 고백하지 않았다 → 고백할 것이다

▶ '~하는 까닭은'과 같은 구에는 '~ 때문이다'라는 말이, '비록'에는 '~할지라도'와 같은 말이 서로 호응해요. '아마'에는 '~할 것 같다/~지도 모르겠다'와 같은 말이 서로 호응해요. '반드시'에는 '~할 것이다/~어야 한다'와 같은 말이 서로 호응해요.

2 ❶ 안녕? 찬하야, 나 인실이야. 어제 있었던 일에 대해서 이야기해 봐야 할 것 같아서 편지를
써. 사실 어제 네가 나에게 한 거짓말을 도무지 ~~이해할 수 없어~~. 왜냐하면 지금이 가장 친
　　　　　　　　　　　　　　　　　　　　　이해할 수 없어.

하다고 생각했던 네가 나에게 거짓말을 할 거라고 절대 상상할 수 있었거든. 만약 거짓말을
　　　　　　　　　　　　　　　　　　　　　　　　　없었거든.

하는 것이 나를 위한 거라고 생각했다면 그다지 좋은 ~~생각이었다고~~ 생각해. 우리가 진정한
　　　　　　　　　　　　　　　　　　　　　　　　생각이 아니었다고

친구라면 반드시 무엇이든 솔직하게 ~~이야기하지 않았으면~~ 좋겠어.
　　　　　　　　　　　　　　　이야기했으면

❷ 오늘의 날씨를 말씀드리겠습니다. 12일, 수요일의 하늘은 그다지 ~~맑습니다~~. 왜냐하면 몽골
　　　　　　　　　　　　　　　　　　　　　　　　　　　맑지 않겠습니다.

과 중국에서 발생한 황사의 영향으로 미세먼지 농도가 '나쁨' ~~수준입니다~~. 대기 질이 좋지 않
　　　　　　　　　　　　　　　　　　　　　　　　수준이기 때문입니다.

으므로 가능하면 바깥 외출을 ~~하는 것이 좋겠습니다~~. 만약 외출을 하고, 마스크를 꼭 착용
　　　　　　　　　　　　하지 않는 것이 좋겠습니다.　　　한다면

하고 나가시기 바랍니다. 이날 전국 대부분의 온도는 5도 미만으로 ~~더운~~ 날씨가 될 것으로 예
　　　　　　　　　　　　　　　　　　　　　　　　　쌀쌀한

상됩니다. 강원 내륙 산간에는 혹시 눈이 오는 곳이 ~~있습니다~~. 반드시 따뜻한 옷을 ~~챙가실 것~~
　　　　　　　　　　　　　　　　　　　있음지도 모르겠습니다.　　　　　　　챙기길 바랍니다.

~~입니다~~. 날씨였습니다.

직접 써 보기

1 ❶ 무엇을 이루거나 적절한 대가를 받기 위하여 어떤 장소에서 일정한 시간 동안 ~~몸과 머리를 움직한 것~~을 '일'이라고 합니다. 사람들은 일을 함으로써 생활에서 ~~다양한 것을~~ 얻을 수 있습니다. 만약 자신의 적성에 맞는 일을 ~~찾고~~ 다른 사람에게 인정을 받으며 행복한 삶을 살 수 있습니다. 그리고 일을 하면 ~~자신과 개성과~~ 다른 사람을 도우면서 보람도 느낄 수 있을 것입니다.

무엇을 이루거나 적절한 대가를 받기 위하여 어떤 장소에서 일정한 시간 동안 몸을 움직이거나 머리를 쓰는 활동을 '일'이라고 합니다. 사람들은 일을 함으로써 생활에서 다양한 것을 얻을 수 있습니다. 만약 자신의 적성에 맞는 일을 찾는다면 다른 사람에게 인정을 받으며 행복한 삶을 살 수 있습니다. 그리고 일을 하면 자신의 개성을 최대한 발휘하고, 다른 사람을 도우면서 보람도 느낄 수 있을 것입니다.

❷ 아침부터 하늘에서 큼지막한 눈이 ~~떨어질 것이다~~. 이번 연도에는 절대 ~~올 것 같던~~ 눈이 떨어지자 나는 기분이 좋아졌다. 빨리 가방을 챙기고 학교 운동장으로 뛰어갔다. 벌써 많은 아이가 운동장에서 하얀 분위기를 즐길 ~~것이다~~. 교실로 들어가서 ~~선생님에게~~ 오늘 체육 시간에는 밖에 나가서 눈싸움을 하지고 ~~말해야겠다~~. 눈 오는 날에 교실에서 공부하는 것을 도저히 ~~참았다~~.

아침부터 하늘에서 큼지막한 눈이 떨어졌다. 이번 연도에는 절대 오지 않을 것만 같던 눈이 떨어지자 나는 기분이 좋아졌다. 빨리 가방을 챙겨 학교 운동장으로 뛰어갔다. 벌써 많은 아이가 운동장에서 하얀 분위기를 즐기고 있었다. '교실로 들어가서 선생님께 오늘 체육 시간에는 밖에 나가서 눈싸움을 하자고 말씀드려야겠다.'고 생각했다. 눈 오는 날에 교실에서 수업하는 것을 도저히 참을 수 없다.

❸ 독서를 많이 하려면 어떻게 해야 할까? 가장 중요한 것은 집에서 TV나 스마트폰을 결코 ~~켜야 한다는~~ 것이다. TV나 스마트폰을 켜면 책을 펴기가 굉장히 ~~쉽다~~. 휘황찬란한 화면과 함께 들려오는 오디오 소리는 책보다 재미있기에 TV와 스마트폰에 ~~빠지면 물 건너갔다고~~ 보면 된다. 아무리 영상과 게임이 ~~재있고~~ 그것을 켜지 않는다면 어느 정도 독서를 ~~시작했다~~. 독서하는 것이 처음에는 ~~쉬울 수~~ 있지만 독서 시간을 차츰 늘려 가면 어느새 독서광이 된 자신을 ~~발견한다~~.

독서를 많이 하려면 어떻게 해야 할까? 가장 중요한 것은 집에서 TV나 스마트폰을 결코 켜지 않아야 한다는 것이다. TV나 스마트폰을 켜면 책을 펴기가 굉장히 어렵다. 휘황찬란한 화면과 함께 들려오는 오디오 소리는 책보다 재미있기에 TV와 스마트폰에 빠지면 독서는 물 건너갔다고 보면 된다. 아무리 영상과 게임이 재미있더라도 그것을 켜지 않는다면 어느 정도 독서를 시작할 수 있다. 독서하는 것이 처음에는 어려울 수 있지만 독서 시간을 차츰 늘려 가면 어느새 독서광이 된 자신을 발견할 수 있을 것이다.

3단원 국어사전 활용하기

▶ **정답 지도 시 주의할 점** 사전에 나온 설명 자체가 아이의 어휘력보다 높은 경우가 많습니다. 여기서는 아이에게 낱말의 완벽한 뜻을 알려 주려고 하기보다는 사전을 재미있게 찾는 연습을 통해 조금씩 사전에 나오는 낱말에 익숙해질 수 있도록 도와주세요. 사전에 나오는 낱말을 가르치려고만 하면 아이는 사전 찾기가 지루하고 재미없습니다. 언어를 처음 배울 때처럼 사전을 찾는 과정도 정확성보다는 유창성을 중시해 주세요. 사전 찾기가 글을 더 잘 쓰기 위한 과정의 하나라고 생각해 주시기 바랍니다.

01 상황에 따라 여러 가지로 해석되는 낱말 알기
— 다의어와 동형어 ······ pp. 62~67

연습하기

1

낱말	여러 가지 뜻	사용된 곳
차다 01	[1] 일정한 공간에 사람, 사물, 냄새 따위가 더 들어갈 수 없이 가득하게 되다.	④
	[2] 감정이나 기운 따위가 가득하게 되다.	②
차다 02	[1] 발로 내어 지르거나 받아 올리다.	없음
	[2] 혀끝을 입천장 앞쪽에 붙였다가 떼어 소리를 내다.	③
차다 03	[1] 몸에 닿은 물체나 대기의 온도가 낮다.	①
	[2] 인정이 없고 쌀쌀하다.	⑤

2 ④ → 출근 시간, 지하철은 사람이 가득 찬 지옥철로 변해 있었다.

3 ❶ ① 아궁이에서 나무를 태우자 방 안이 조금씩 따뜻해졌다.

▶ **정답 지도 시 주의할 점** '태우다'는 '타다'의 사동사임을 알려 주세요.

② 얼굴이 까맣게 탄 것을 보니 너는 운동을 좋아하는구나!
③ 이번 여름 방학에는 비행기를 타고 태국에 갈 것이다.
④ 자전거로 개천 길을 타고 쭉 달리자 마음이 상쾌해졌다.

❷ ① 감기약이 강해서 그런지 정신이 깨는 데 시간이 걸렸다.
② 오랜만에 아침에 일찍 깨서 약수터에 다녀왔다.
③ 신수가 친 공은 그대로 날아가 창문을 깼다.
④ 상희는 분위기를 깨는 데 일가견이 있다.

❸ ① 길이 험해서 그곳을 쉽게 지나갈 수 없다.
② 하늘길을 지키지 않으면 비행기가 서로 충돌할 위험이 있다.
③ 그 강아지는 길이 잘 들어서 사람의 말을 잘 따른다.
④ 종이접기를 열심히 했더니 이제는 제법 길이 든 것 같다.

❹ ① 사각형 모양의 뼈대에 종이를 바르자 예쁜 연이 탄생했다.
② 넘어져서 다친 무릎에 약을 바르면 상처가 금방 나을 것이다.
③ 원을 바르게 그리면 마음이 예쁘다고 하더라.
④ 치훈이는 예의가 바르기 때문에 모두에게 사랑받는다.

직접 써 보기

1 ❶ 선물
❷ ① 메모지에 갖고 싶은 선물을 글자로 써서 엄마에게 드렸다.
② 여러 친구에게 생일 초대 편지를 썼다.
③ 슬비는 아무 선물도 받지 못해서 모자를 눌러 쓰고 슬픔에 잠겼다.
④ 슬비는 인생의 쓴맛을 느꼈다.

▶ **정답 지도 시 주의할 점** 꼭 낱말의 모든 뜻을 예문으로 만들 필요는 없어요. 아이가 예문이 생각나지 않는다고 하면 칸을 비우고, 자신이 완성한 예문만으로 글을 완성하게 해 주세요.

❸ 슬비의 생일이 며칠 남지 않았다. 슬비는 이번 생일에야말로 자신이 받고 싶은 선물을 모두 받아야겠다고 결심했다. 슬비는 먼저 메모지에 자신이 받고 싶은 인형의 이름을 글씨로 또박또박 써서 엄마에게 건넸다. 엄마는 알 듯 말 듯한 미

소를 지었다. 그다음에 반에 있는 여러 친구에게 받고 싶은 선물을 적어 생일 초대 편지를 한 장씩 썼다. 하지만 슬비는 생일을 사흘 앞두고 코로나에 걸리고 말았다. 슬비는 아무도 오지 않는 생일상 앞에서 모자를 눌러 쓰고 슬픔에 잠겼다.

02 낱말의 뜻을 이해하고 관련 글쓰기
- 의미 관계 파악하기 ······ pp. 68~71

연습하기

1
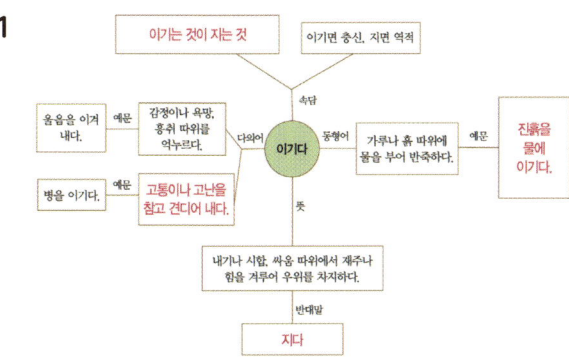

본래 '이기다'는 '지다'의 반대말로 '내기나 시합, 싸움 따위에서 재주나 힘을 겨루어 우위를 차지하다.'라는 뜻을 가진다. 또, '감정이나 욕망, 흥취 따위를 억누르다.'나 '고통이나 고난을 참고 견디어 내다.'라는 뜻도 갖고 있다.

분명한 사실은 지는 것이 이기는 것보다 나은 상황이 삶에서 많이 발생한다는 것이다. 그래서 '이기는 것이 지는 것'과 같은 속담도 생활에서 많이 사용한다. 이기는 것만 중요하다고 생각해서 소중한 것을 놓치고 있지는 않은지 스스로 한 번쯤은 고민해 봐야 한다.

▶ **정답 지도 시 주의할 점** 낱말의 다양한 뜻을 바탕으로 자신이 쓰고 싶은 글을 쓸 수 있어요. 예시 답안처럼 글을 쓰지 않고, 낱말의 뜻을 바탕으로 자신이 쓰고 싶은 글을 마음껏 써도 괜찮다고 아이에게 알려 주세요.

직접 써 보기

1
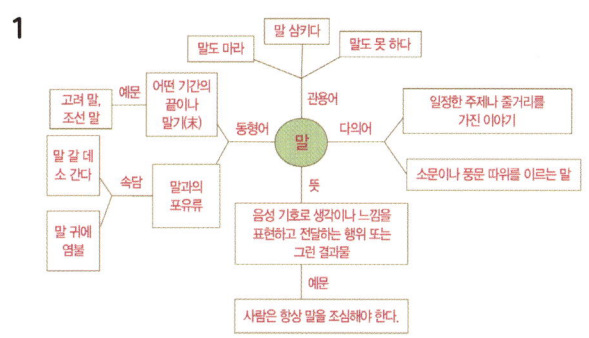

▶ **정답 지도 시 주의할 점** 마인드맵은 꼭 앞에 제시된 형태로 작성하지 않아도 돼요. 낱말의 여러 가지 뜻을 살펴볼 수 있는 마인드맵을 스스로의 기준에 따라 만들어 보도록 지도하시기 바랍니다.

'말'이란 낱말을 떠올리면 가장 먼저 무슨 뜻이 생각날까? '고려 말'처럼 '어떤 기간의 끝이나 말기', 또는 '말과의 포유류' 등. '말'은 다양한 뜻을 가지고 있지만 뭐니 뭐니 해도 '음성 기호로 생각이나 느낌을 표현하고 전달하는 행위 또는 그런 결과물'이란 뜻이 첫 번째로 떠오른다.

'말'과 관련된 속담도 생활에서 많이 사용된다. 예를 들면 '발 없는 말이 천 리 간다', 말이 씨가 된다, 말 한마디에 천 냥 빚도 갚는다'와 같은 속담이다. '말'과 관련된 속담 대부분은 살아가면서 말을 조심해야 한다는 의미를 담고 있다.

03 사전을 활용한 주제별 글쓰기 - ① 매운맛
······ pp. 72~73

연습하기

1 ❶ 미각
뜻: 맛을 느끼는 감각
예문: 미각이 발달되지 않은 사람은 음식점을 운영할 자격이 없다.
❷ 존재하다
뜻: 현실에 실재하다.
예문: 이 세상 어딘가에 포켓몬스터는 분명히 존재할 것이다.
❸ 일종

뜻: 한 종류. 또는 한 가지
예문: 할라페뇨는 고추의 일종이다.
❹ 소스
뜻: 서양 요리에, 맛을 돋우기 위하여 넣어 먹는 걸쭉한 액체
예문: 감자튀김을 먹을 때는 케첩 소스가 필요하다.

▶ **정답 지도 시 주의할 점** 사전에는 예문이 제시돼요. 사전에 제시된 예문을 다듬어서 적어 줘도 괜찮다는 것을 아이에게 알려 주세요.

직접 써 보기

1

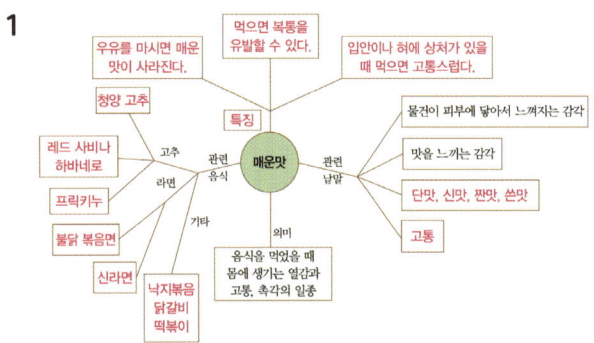

2 요즘 스트레스 해소를 위해 매운맛을 찾는 사람들이 늘어나고 있습니다. 하지만 매운맛은 단맛, 신맛, 짠맛, 쓴맛과 같은 맛이 아니라 혀에 느껴지는 고통의 일종입니다. 그러므로 매운 음식을 많이 섭취하면 매운맛이 복통을 유발할 수 있습니다. 입안이나 혀에 상처가 있을 때 매운맛 음식을 먹으면 상처가 난 부위에 닿아 고통스럽기도 합니다.

04 사전을 활용한 주제별 글쓰기 - ② 태권도
.... pp. 74~75

▶ **정답 지도 시 주의할 점** 동형어가 있는 낱말의 경우 한자를 옆에 같이 표기해 줘서 그 낱말의 뜻을 명확하게 나타내야 한다고 알려 주세요.

연습하기

1 ❶ 제압하다
뜻: 위력이나 위엄으로 세력이나 기세 따위를 억눌러서 통제하다.
예문: 한국은 포르투갈을 2:1로 제압하고, 월드컵 16강에 진출했다.
❷ 무궁무진
뜻: 끝이 없고 다함이 없음
예문: 애니메이션 세상은 상상력이 무궁무진하다.
❸ 시범
뜻: 모범을 보임
예문: 6학년 학생이 투표하는 과정을 시범 보였다.
❹ 수련
뜻: 인격, 기술, 학문 따위를 닦아서 단련함
예문: 마음을 수련하는 것이 인성 교육의 첫 번째 과제이다.

직접 써 보기

1

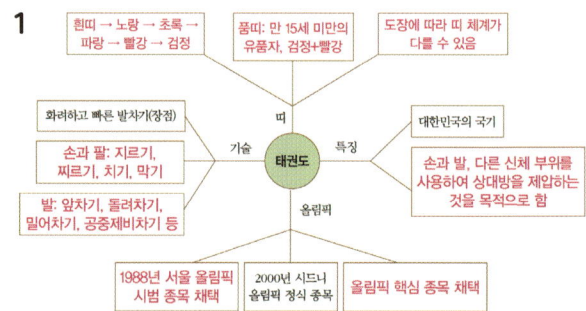

2 태권도는 대한민국의 국기로 손과 발, 다른 신체 부위를 사용하여 상대방을 제압하는 것을 목적으로 하는 스포츠입니다. 태권도의 띠를 보면 그 사람의 태권도 실력을 알 수 있습니다. 보통 오방색을 기준으로 처음 태권도장에 온 사람은 흰띠를 매고 점차 노랑, 초록, 파랑, 빨강, 검정 띠의 순으로 띠가 변화합니다. 만 15세 미만의 유품자를 위해서 품띠(검정 줄과 빨강 줄을 섞어 놓은 띠)를 매기도 합니다. 이러한 태권도의 띠 체계는 도장에 따라 조금씩 운영 방법이 다를 수 있습니다.

05 사전을 활용한 주제별 글쓰기 - ③ 5월

pp. 76~79

연습하기

1 ❶ 다습하다
뜻: 습기가 많다.
예문: 제주도는 고온 다습한 날이 많다.
❷ 일교차
뜻: 『지구』 기온, 습도, 기압 따위가 하루 동안에 변화하는 차이
예문: 일교차가 커서 요새 독감이 유행한다.
❸ 유의하다
뜻: 마음에 새겨 두어 조심하며 관심을 가지다.
예문: 다음 사항에 유의해서 행동하길 바랍니다.
❹ 작약
뜻: 작약과의 여러해살이풀을 통틀어 이르는 말. 꽃이 크고 아름다워 정원에 관상용으로 재배한다.

예문: 작약의 꽃말은 '수줍음'이다.

▶ **정답 지도 시 주의할 점** 지금까지 보지 못한 꽃이라면 사전을 찾는 것도 좋지만 실제 생김새가 어떤지 인터넷 검색 등을 통해 직접 확인해 보게 안내해 주세요.

❺ 꼽다
뜻: 골라서 지목하다.
예문: 우리나라의 대표적 위인으로 세종대왕과 이순신 장군을 꼽을 수 있다.
❻ 근로자
뜻: 근로에 의한 소득으로 생활을 하는 사람
예문: 요새 근로자의 최저 임금이 많이 올랐다.
❼ 법정
뜻: (法定) 법률로 정함
예문: 크리스마스는 법정 공휴일이다.
❽ 민주화

뜻: 민주적으로 되어 가는 것. 또는 그렇게 되게 하는 것
예문: 4·19 혁명은 민주화 운동이다.
❾ 성년의 날
뜻: 성년이 되는 것을 기념하여 정한 날. 우리나라에서는 만 19세가 되는 사람을 대상으로 행사를 실시한다.
예문: 성년의 날을 맞아 꽃 선물을 받았다.

직접 써 보기

1

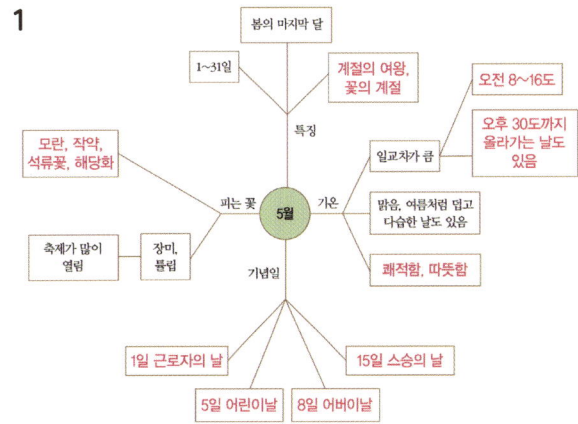

2 5월, 찬란한 봄을 느낄 수 있는 달. 5월의 태양 속에서 장미, 튤립, 모란, 작약, 석류꽃, 해당화 등등 다양한 꽃이 살아 숨 쉰다. 5월 하면 '쾌적하고 따뜻하다'라는 생각이 절로 든다. 그만큼 5월은 따뜻한 날씨에 나들이하기 좋은 날이 많다. 5월은 맑은 날이 대부분이지만 여름에 들어가는 달로 초여름처럼 덥고 다습한 날도 있다. 그리고 일교차가 커서 오전에는 8~16도 정도의 날씨이지만 한낮 최고 기온은 30도까지 올라가기도 한다. 그러므로 5월에는 밖에 나갈 때 꼭 웃옷을 챙기는 것이 좋다.

5월에는 행사가 많다. 그 이유는 1일 근로자의 날, 5일 어린이날, 8일 어버이날, 15일 스승의 날 등 기념일이 많기 때문이다. 이러한 기념일에는 다른 사람에게 감사와 고마움을 표현할 수 있기 때문에 5월을 '가정의 달'이라고도 부른다. 이렇게 다양한 특징을 가지고 있는 5월은 '계절의 여왕, 꽃의 계절'로 부르기에 부족함이 없을 것이다.

4단원 원고지 쓰기

01 원고지 쓰기 ① ········ pp. 82~83

연습하기

1

				메	리		크	리	스	마	스
						사	람	초	등	학	교
				5	학	년		2	반		김	지	민
	매	년		어	김	없	이		돌	아	오	는		크	리
스	마	스	,		이	번	에	는		뭔	가	가		달	랐	다 .
펑	펑 ,		하	얀		눈	이		아	침	부	터		내	리
기		시	작	하	더	니		온		도	시	가		하	얀
색		옷	을		입	었	다 .		"	이	번	에		산	타
클	로	스	가		오	기		힘	들	겠	구	나 . "	라	고	V
지	아	가		한	숨	을		쉬	며		말	했	다 .
	"	허	허 ,		메	리		크	리	스	마	스 ! "
	굴	뚝		아	래		벽	난	로	에	서		산	타	가	V
등	장	했	다 .		그	것	은		내	가		처	음	으	로	V
산	타	클	로	스	를		본		순	간	이	었	다 .

02 원고지 쓰기 - ② 문장 부호 쓰기 ······ pp. 84~85

연습하기

1

	5	:	00	에		도	착	했	어	야		할		피	아
노		학	원	에		왜		가	지		않	았	느	냐	고	V
엄	마	가		물	었	다 .		'	인	제		어	쩌	지 ? '
라	고		승	희	는		생	각	했	다 .
	"	피	아	노		학	원		쉬	는		날	이	야 . "
	승	희	의		입	에	서		거	짓	말	이		술	술	V
흘	러	나	왔	다 .		그		때	였	다 .		(	정	음	피
아	노		학	원	입	니	다 .		이	승	희 ,|	이	승	희	V
학	생	은		얼	른		피	아	노		학	원	으	로	
오	시	기		바	랍	니	다 .		다	시		한	번		말
씀	드	립	니	다 .		이	승	희 … … .)		승	희	의	V
얼	굴	은		백	지	장	처	럼		하	얘	졌	다 .
	"	이	승	희 ! "		라	고		엄	마	는		크	게	
소	리	쳤	다 .

03 원고지 쓰기 - ③ 숫자와 영어 쓰기 ······ pp. 86~87

연습하기

1

	"	A	nn	e ,		lo	ok		wh	o '	s		he	re .
G	oo	d		to		se	e		yo	u ! "
뉴	욕	에	서		만	난		앤	은		나	에	게
갑	자	기		한	국	의		인	구	수	를		물	었	다 .
나	는		나	무	위	키	를		찾	아	서		20	23	년	V
기	준	으	로		51	, 4	59	, 6	26	명	이	라	고		말
해		주	었	다 .		한	국		인	구	가		얼	마	나	V
되	는	지		궁	금	했	다	고		앤	이		말	했	다 .
나	는		대	화	를		나	누	던		앤	에	게	
"	L	et '	s		go		se	e		th	e		C	ap	ta	-
in		A	me	ri	ca		mo	vi	e . "	라	고		제	안
했	다 .		앤	은		좋	다	고		했	고 ,		함	께
영	화	관	에		갔	다 .		영	화		티	켓	값	이
30	, 0	00	원	이	나		했	지	만		앤	과		함	께	V
즐	거	운		시	간	을		보	냈	다 .

04 교정 부호 - ① 교정 부호 알기 ······ pp. 88~89

연습하기

1

① 너 보다 내가 더 힘들어. 너는왜 너 밖에 몰라?

② 주어는문장에서 동 작이나상태의 주체가 되는 낟말을 말한다.

③ 수정이는 흠흠 유럽여행에서 마드리드파리런던로마를 가려고한다.

④ 태양력은 식물와 동물이 살아가는데 필요한 에너지를 제공 한다.

2

〈제시된 문단〉

영어를 잘하는 아이에게 비결을 꼭 물었다. "저요? 음, 저는 어머니께서 영어를 잘하세요. 저와 매일 영어로 도력하시조." 한 아이는 "아버지께서 어렸을 때부터 영어로 된 책을 읽어 주셨어요. 지금은 포터해리 영문만도 어느 정도 읽을 수 있어요."라는 답을 했다.

이것으로 영어를 화 잘하는 비결은 부모가 함께 아이와 얼마나 노력 했느냐에 따라 달라지는것으로 보인다.

05 교정 부호 - ② 원고지에 교정 부호 연습하기
pp. 90~93

연습하기

1 ❶ (원고지에 교정 부호가 표시된 글)

❷ (원고지에 교정 부호가 표시된 글)

직접 써 보기

1 여름 덥다, 겨울 춥다, 남쪽 따뜻함, 북쪽 추움, 김치, 온돌

2 **우리나라 기온의 전체적인 특징**: 사계절, 여름 고온 다습, 겨울 한랭 건조, 여름 태풍
지역에 따른 기온의 특징: 남쪽 따뜻함, 북쪽 추움, 내륙 건조, 해안 습함
기온에 따른 의·식·주의 특징: 남쪽 짠 음식이 많음(보관이 용이), 북쪽 온돌로 된 집이 많음(거실이 없음)

3 우리나라의 기온은 사계절(봄, 여름, 가을, 겨울)의 특징을 그대로 가지고 있다. 여름에는 북태평양 기단의 영향을 받아 고온 다습하고, 비가 많이 내리며 때때로 태풍이 다가온다. 겨울에는 시베리아 기단의 영향을 받아 한랭 건조하고 차가운 바람이 많이 분다.

지역에 따라 남쪽은 따뜻하고 북쪽은 추우며, 내륙은 건조하고 해안은 습하다고 할 수 있다. 이러한 기온의 특성에 따라 남쪽은 음식이 상하지 않게 소금을 뿌려 보관하기 때문에 짠 음식이 많다. 그리고 북쪽은 춥기 때문에 사람들이 집안을 따뜻하게 유지하기 위해 거실이 없는 온돌로 된 집을 많이 짓고 산다.

▶ **정답 지도 시 주의할 점** 원래는 원고지에 직접 글을 써야 해요. 여기서는 원고지 작성법을 알아보기 위해 글을 쓰고, 그 글을 원고지에 옮기는 연습을 하게 지도해 주세요.

4 (원고지에 옮겨 쓴 글)

5단원 장르 및 목적에 따라 글쓰기 (1)

01 일기 쓰기 ·········· pp. 96~99

연습하기

1 운동회, 줄다리기, 5학년, 9반, 불공평, 남자, 여자

2 **인상 깊은 일**: 줄다리기를 할 때 5학년이 아홉 반이어서 '청팀과 백팀 여자 경기'에 남자 아이들이 끼어든 일
생각이나 느낌: 여자끼리의 경기인데 한 반이 부족하다고 남자아이들을 낀 것은 잘못이다. 경기 진행이 불공평해서 기분이 안 좋았다.

3 인터뷰

4

인터뷰 대상	줄다리기 진행을 맡으신 선생님
인사말	운동회를 할 수 있게 도와주셔서 감사하다는 말
질문	줄다리기 경기에 대한 생각 여자 경기에 남자가 참가하게 된 이유 다른 대안은 없는지? 아이들의 불만에 대한 대처 방법
끝인사	인터뷰해 주셔서 감사하다는 말 운동회가 즐거웠다는 말

기자: 가을의 맑은 하늘 아래 사람초등학교 5학년 학생들은 운동회를 즐겁게 치렀습니다. 여러 선생님께서 열심히 준비해 주셔서 즐거운 운동회가 되었습니다. 안녕하세요? 선생님.
선생님: 예. 안녕하세요? 이번 운동회 경기 진행을 맡은 5학년 7반 담임입니다.
기자: 예. 첫 번째 질문을 드리겠습니다. 사실 논란이 된 부분인데요. 운동회에서 줄다리기 시합에 대해서 어떻게 생각하시는지 짧게 말씀해 주시면 감사하겠습니다.
선생님: 예. 우선 불공평했다는 말은 많은 아이에게 들어서 알고 있습니다. 또, 그 부분에 대해서 저도 학생들에게 미안한 마음을 가지고 있습니다.
기자: 그렇군요. 사실 여자 줄다리기 경기에 남자아이들 한 반이 참가하게 된 것이 문제였는데요. 그렇게 경기가 진행된 이유는 무엇인가요?
선생님: 네. 줄다리기는 인원수가 맞아야 하는데 지금 5학년이 아홉 반이기 때문에 네 반과 다섯 반으로밖에 경기를 할 수가 없습니다. 그래서 어쩔 수 없이 남자 한 반을 넣어서 시합을 하게 되었습니다.
기자: 네. 그 사정 이해가 갑니다. 한 가지 더 여쭤볼 것은, 다른 대안은 없었을까요? 남자아이는 힘이 세니까 한 반 아이들을 다 넣지 말고, 10명 정도만 넣는 그런 대안 말이죠.
선생님: 그래서 남자아이들 경기에서는 여자아이들 한 반을 추가해서 경기했습니다. 기자님의 말을 듣고 보니 '다른 대안을 고려했으면 어땠을까?'라는 생각도 듭니다.
기자: 네. 잘 알겠습니다. 이번 아이들의 불만은 어떻게 처리하실 건가요?
선생님: 네. 선생님이 잘못 생각했다는 것을 아이들에게 진실하게 말하고 다음에는 그러한 실수를 하지 않겠다고 말해야겠습니다. 이번 인터뷰를 통해 저도 많이 배웠습니다.
기자: 저도 인터뷰해 주셔서 감사하다는 말을 하고 싶습니다. 줄다리기에서 발생한 사건을 빼면 이번 운동회는 정말 재미있게 잘 진행된 것 같습니다. 즐거운 운동회를 만들어 주셔서 감사합니다. 지금까지 사람초등학교 5학년 기자 김소은이었습니다.

▶ **정답 지도 시 주의할 점** 글을 다시 한번 읽고 고쳐야 할 점은 없는지 생각해 보고, 있다면 교정 부호를 사용해서 글을 수정해 보도록 해 주세요.

02 편지 쓰기 ·········· pp. 100~103

연습하기

1 반장 선거에서 떨어진 아이를 위로하는 편지

2 현정이에게

3 위로

4

받을 사람	오늘 하루 기분이 안 좋았을 현정이에게
첫인사	현정이를 칭찬하는 말
전하고 싶은 말	현정이가 반장 선거에서 떨어진 일 현정이가 한 표도 받지 못해서 놀란 일 친한 친구임에도 현정이 이름을 쓰지 않았던 나의 상황 미안하다는 말
끝인사	슬퍼하지 않았으면 좋겠다는 말
쓴 날짜	20○○년 10월 ○○일
쓴 사람	친구 가영이가

　오늘 하루 기분이 안 좋았을 현정이에게
　나의 말을 진지하게 잘 들어주는 친구, 현정아. 나 가영이야. 오늘 하루 기분이 안 좋았을 것 같아서 너에게 편지를 써.
　반장 선거 시간에 네가 긴장한 모습을 봤는데 이런 결과가 나오다니 나도 너무 놀랐어. 두 명이 나온 여자 부반장 투표에서 너에게 한 표도 가지 않았다니……. 네가 받았을 충격 때문에 선거가 끝나고 너에게 말을 걸 수가 없었어. 눈에 눈물이 가득한 너의 모습에 미안한 마음이 들었거든.
　사실 준희가 아침부터 부반장이 꼭 되고 싶다고 간절하게 부탁하길래 부반장 선거에서 준희에게 표를 줬거든. 그래서 친한 친구였던 너에게 투표하지 않았을 뿐인데 네가 한 표도 받지 못해서 나도 깜짝 놀랐어. 너에게 '누구라도 한 표는 주겠지.'라고 생각했던 나의 안일함이 너무 큰 사건을 일으키고 말았어. 너의 가장 친한 친구임에도 네 이름을 쓰지 않아서 정말 미안해. 네가 크게 오해하지 않기를 바랄게.
　현정아, 오늘 사건에 대해서 슬퍼하지 않았으면 좋겠어. 내일 이 편지를 받고 마음이 풀어지기를……. 미안해. 기운 내렴!

20○○년 10월 ○○일
너의 친구 가영이가

03 생활문 쓰기　　　　pp. 104~107

연습하기

1 머리

▶ **정답 지도 시 주의할 점** 글을 읽을 사람이 흥미를 느끼거나 자신이 잘 쓸 수 있는 내용을 생활문의 주제로 선택하는 것이 좋다고 알려 주세요.

2 자주 가던 미용실이 문을 닫음, 옆에 굉장히 비싸 보이는 미용실에 감, 콧수염 난 미용사, 나의 머리를 쫙 훑어봄, 다듬어 달라는 말에 멋지게 자르기 시작한 미용사, 내 머리는 이태원 클라쓰 박서준? 호섭이?

3

| 머리가 지저분함
원래 가던 미용실이 문을 닫아서 그 옆의 미용실 도착 | ⇨ | 나의 모습을 유심히 바라보던 콧수염 아저씨가 미용사였음 | ⇨ | 나의 머리를 쫙 훑어봄
싹둑싹둑 가차 없이 잘리는 머리카락
옆 직원들의 박수 | ⇨ | 엄마가 내 머리가 '이태원 클라쓰'의 박서준 같다고 함
아빠는 호섭이를 닮았다고 함
박서준이 되고 싶은 나 |

4

글을 쓰는 목적	읽는 사람에게 재미를 주는 생활문을 쓰고 싶다.
글을 읽을 독자	친구들, 우리 가족
글의 주제	미용사의 멋진 솜씨, 당황한 나

　머리가 지저분하다. 며칠째 머리카락을 잘라야지, 잘라야지 하면서 못 자르고 있었다. 큰마음을 먹고 미용실에 도착! 하지만 문을 닫았다. 그 미용실 옆에 비싸 보이는 또 다른 미용실. 들어가기가 부담이 됐지만 머리를 다듬기로 마음먹었으니 당당히 미용실 안으로 들어갔다. 미용실 안의 모든 사람이 나를 뚫어지게 쳐다봤다.
　"머리 다듬으러 왔는데요."
　한쪽 구석에서 조용히 신문을 읽던 콧수염 아저씨 한 분이 신문을 내려놓고 앞으로 나선다.
　"이쪽으로 오시죠."
　항상 여성이 만져 주던 머리를 남자에게!? 정중

한 그의 말투와 함께 씻은 듯이 걱정이 사라졌다. 그의 눈이 나의 머리를 잡아먹을 듯이 노려봤다.

"다듬어 주세요."

나의 한마디 말과 함께 그는 전문가의 포스를 풍기며 다가와, 조용히 내 두상을 바라봤다. '어떻게 자를까?'라는 기대와 함께. 싹둑싹둑! 깜짝 놀랄 정도로 머리카락을 호쾌하게 자르는 그의 모습. 간단히 다듬어 달라는 나의 말을 알아듣기는 한 걸까? 다 자르고 나자 '이렇게 짧게 자른 적이 있나?'라고 생각할 정도로 앞머리가 짧았다. 그때 직원들의 박수. "잘 자르셨네요." 모두가 칭찬하자 나도 내 머리가 마음에 들었다.

집에 들어가서 엄마를 딱 마주친 순간,

"어머! 이태원 클라쓰 박서준 같네. 우리 라임이 잘생겼어!"

옆에서는 아빠가 빵 터지며 웃었다.

"박서준은 무슨! 꼭 호섭이 같다. 호섭이!"

인터넷 검색을 통해 찾아본 두 인물. 박서준과 호섭이.

"난 꼭 박서준 닮았는걸."

나는 이런 말을 내뱉으며 아빠를 째려봤다.

04 기행문 쓰기 ················· pp. 108~111

연습하기

1 **여정**: 우리 가족은 지하철을 타고 광화문 역에 내려서 천천히 광화문 광장을 따라 걸었다.
견문: 사실 광화문은 여러 차례 복원되어 지금의 모습이 되었다고 한다.
감상: 이러한 여러 가지 이야기를 담은 광화문을 바라보자 감회가 새로웠다.

2

직접 써 보기

1 **여행 갔던 곳**: 남해군
글을 읽을 사람: 반 친구들
그곳에 갔던 이유: 가족과 함께 여름 여행을 다녀왔다.

2 ▶ 남해군 여행의 여정을 자유롭게 그림으로 나타낼 수 있습니다.

3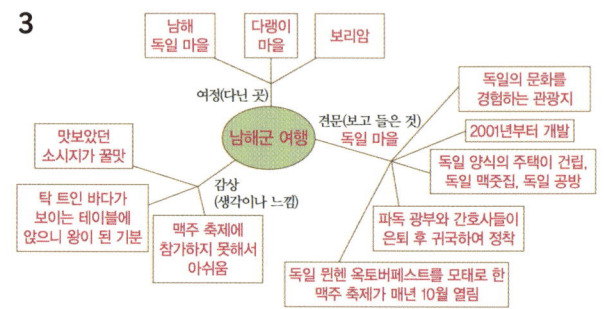

4 얼마 전 가족 여행으로 경상남도 남해군에 다녀왔다. 가기 전에 남해군의 환경이 워낙 깨끗하고 아름답다는 말만 들었지, 남해군이 어떤 곳인지 잘 알지 못했다. 하지만 남해군에 도착해서 바다를 바라보는 순간, 그 말을 완전히 이해할 수 있었다.

우리 가족은 남해군의 유명한 장소에 거의 다 들렀다. 짧지 않았던 3박 4일의 일정 동안 남해군 곳곳을 둘러봤다. 남해 독일 마을, 다랭이 마을, 보리암 등등. 그중에서도 가장 기억에 남는 곳은 남해 독일 마을이다. 독일 마을은 1960년대 독일로 가서 돈을 벌었던 한국의 광부와 간호사들이 은퇴 후 귀국하여 정착한 마을이라고 한다. 독일 양식의 주택이 마을의 아름다움을 더했고, 독일 맥줏집과 독일 공방 등 이국적인 정취를 한껏 느낄 수 있는 건물이 많았다.

나는 그중에서도 독일 식당에서 먹은 독일식 소시지가 가장 기억에 남는다. 두툼한 소시지를 한 입 베어 먹을 때의 꿀맛이란! 탁 트인 바다가 보이는 야외 테이블에 앉아서 먹으니 마치 내가 왕이 된 것 같은 느낌마저 들었다.

독일 뮌헨 옥토버페스트를 모태로 한 맥주 축제가 매년 10월 독일 맥주 마을에서 열린다고 한다. 그 축제에 참가하지 못한 것이 못내 아쉬웠다. 다음에는 꼭 축제 날짜에 맞추어서 맥주 축제의 분위기를 실컷 느끼고 싶다.

▶ **정답 지도 시 주의할 점** 기행문을 쓸 때는 자신이 인상 깊게 본 것을 정확하게 묘사하거나 설명해야 한다는 것을 다시 한번 상기시켜 주세요.

05 경험을 이야기로 표현하기 ········· pp. 112~115

연습하기

1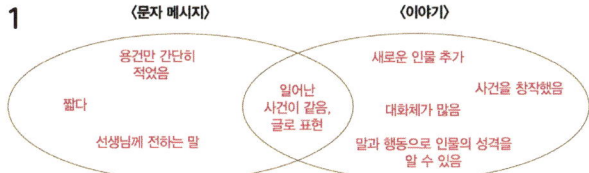

2 다행히 택배 문자였다. 드르륵! 문이 열리며 네 명의 아이들이 한꺼번에 도착! '오늘은 지각이 없겠구나.'라는 생각이 들었다. 영수는 부지런한 아이로 소문이 나서 별로 큰 걱정이 되지 않았다. 하지만 웬걸! 9시가 넘었는데도 모범생 영수가 학교에 도착하지 않았다. 아이들도 영수가 왜 오지 않느냐면서 나에게 재촉했다. 나는 떨리는 손으로 영수 어머니께 전화를 드렸다. '따르릉!' 신호가 가고, 영수 어머니께서 전화를 받았다. "안녕하세요? 영수 어머니, 영수가 아직 학교에 나오지 않아서요." 영수 어머니는 깜짝 놀라며 되물었다. "아니, 선생님. 저번 주에 체험 학습 신청서 드렸는데, 깜빡하셨나 봐요." 맞다! 영수는 체험 학습이었는데 내가 까먹고 있었던 것이다. 그렇게 지각한 학생이 한 명도 없다는 생각이 들자 나는 역전 만루 홈런을 터뜨린 기분이었다. 오늘 우리 반은 지각이 없다! 아자!

직접 써 보기

1 콧수염 미용사의 큰 실수

2

주제	당황하지 말자. 자신감 있는 태도	
등장인물	미용사	초보이지만 콧수염 때문에 전문가처럼 보인다.
	손님	어리지만 당차다. 긍정적이다.
	선배	미용사 선배로, 도와주려는 마음이 강하다.

이야기 흐름	발단	미용실 문을 열고 들어오는 손님
	전개	신문을 읽고 있던 초보 미용사는 긴장함
	절정	머리카락을 실수로 너무 많이 자름. 하지만 아무렇지 않은 듯이 당당하게 행동함
	결말	선배가 잘 잘랐다며 박수를 쳐 줌. 손님도 기분 좋게 미용실을 나섬

3 　　미용실 문이 끼익하고 열렸다. '손님이다!' 신문을 읽고 있던 나는 잔뜩 긴장했다. 초보인 나에게 오늘 처음으로 머리카락을 자를 기회를 주겠다고 선배가 미리 이야기했기 때문이다. 많은 사람이 콧수염 때문에 나를 전문가라고 오해하지만 나는 전문 미용사와는 거리가 먼, 말 그대로 초보였다. 선배가 손님 받으라고 눈짓을 주자 나는 여유롭게 손님께 말을 걸었다.
　"어떻게 자르시겠습니까?"
　"조금만 다듬어 주세요."
　나는 흥미롭다는 듯이 손님의 머리를 자세히 봤다. 최대한 실수하지 말아야겠다는 생각에 겨드랑이에 땀이 가득 찼다. 우선, 바리캉을 써서 어느 정도 머리카락을 다듬어야겠다고 생각했다. "위잉! 쓱싹" 으악!!!!! 큰일이다.
　바리캉으로 손님의 머리를 밀어 버렸다. 이런 일이 일어나다니 최악의 날이다. 하지만 무표정하고 당당하게! 나는 마치 이 일이 예견된 일인 것처럼 행동했다. 손님의 눈동자가 한껏 커졌지만 아무렇지도 않은 내 표정에 손님은 평정심을 되찾았다. 쓱쓱, 착착! 이 머리를 복구하기 위해서 많은 시간이 필요했다. 손은 땀으로 가득했지만 마음속으로 '평정심! 평정심!'만 외쳤다.
　그때였다! "브라~~~~~보!!!!" 선배는 손님의 머리를 바라보며 큰 박수를 치고 환호성을 질렀다. 손님이 웃는다. 다행이다! "손님, 최고로 멋있습니다." 나의 이 말에 손님은 자연스럽게 웃는다. 됐어! "감사합니다. 또 올게요." 손님의 "또 올게요."란 말에 안도의 한숨이 저절로 나왔다. 딱! 갑자기 뒤통수가 얼얼했다. "콧수염 미용사님, 다시는 이런 실수하지 마세요!"라고 선배가 내 뒤통수를 치며 말했다. "헉! 죄송합니다." 오늘부터 다시 피나는 수련이 시작될 것 같다.

6단원 장르 및 목적에 따라 글쓰기 (2)

01 설명하는 글 – ① 목적·대상에 따라 알맞은 틀 사용하여 쓰기 ······ pp. 118~121

연습하기

1 ❷ 강아지는 생후 11개월 정도가 지나면 거의 다 자란다.
   ❸ 이갈이 시기에는 눈에 보이는 모든 것을 물고 뜯으려고 한다.

2 둘째, 강아지는 생후 11개월 정도면 다 큽니다. 이 11개월 동안 강아지를 잘 훈련시켜야만 강아지의 성격이나 행동에 문제가 생기지 않습니다. 셋째, 강아지는 이갈이 시기에 간지러움 때문에 눈에 보이는 모든 것을 물고 뜯으려고 합니다. 이때 강아지의 물어뜯는 행동을 제지해야만 강아지가 커서 남을 깨무는 행동을 하지 않습니다.

3 **공통점**: 원하는 작업을 쉽고 편하게 할 수 있다.
   차이점:
   스마트폰
   • 통화가 가능하다.
   • 스마트폰 안에 자판이 있다.
   • 크기가 작다.
   컴퓨터
   • 통화가 불가능하다.
   • 모니터와 키보드가 분리되어 있다.
   • 크기가 크다.

4 그리고 스마트폰과 컴퓨터 모두 사용자가 원하는 작업을 쉽고 편하게 할 수 있도록 고안된 장치라고 할 수 있습니다. /
   스마트폰과 컴퓨터는 통화 여부, 자판, 크기 등에서도 차이가 납니다. 스마트폰의 경우 통화가 가능하고, 터치 스크린을 통해서 자판을 칠 수 있습니다. 하지만 컴퓨터는 통화가 불가능하고, 모니터와 키보드가 분리되어 있습니다. 그리고 컴퓨터는 크기가 크지만 스마트폰은 손안에 들어갈 수 있을 정도로 작기 때문에 현재 생활에서 스마트폰의 활용도가 점점 높아지고 있습니다.

5 2. 각자 카드를 한 장씩 뒤집어서 공개한다(카드는 바깥쪽부터 뒤집는다). ➡ 3. 바닥에 펼쳐진 카드에 나온 한 종류의 과일이 다섯 개가 되면 중간에 놓은 종을 최대한 빨리 친다.

6 이제 한 사람씩 자신 앞에 놓인 카드를 한 장씩 뒤집습니다. 이때 중요한 것은 먼저 다른 사람이 카드를 볼 수 있도록 카드를 바깥쪽부터 뒤집어야 한다는 것입니다. 이때 펼쳐진 카드에 나온 한 종류의 과일 합이 다섯 개가 되면 중간에 놓은 종을 최대한 빨리 칩니다. 종을 먼저 친 사람이 뒤집혀 있는 카드를 모두 가져갑니다. 이렇게 게임을 진행해서 마지막까지 남아 카드를 모두 획득한 사람이 할리갈리 게임의 최종 승자가 됩니다.

7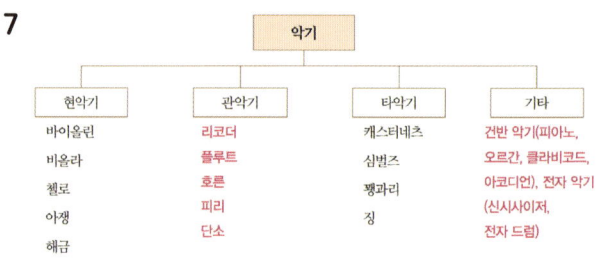

8 현악기에는 유럽의 대표적인 찰현 악기인 바이올린을 비롯하여 비올라, 첼로, 아쟁, 해금 등이 있습니다. 입으로 불어서 연주하는 관악기는 우리가 초등학교에서 배우는 리코더나 단소 외에 플루트, 호른, 피리 등이 있습니다. 타악기는 쳐서 소리를 내는 단순한 악기로 인간이 최초로 만든 악기로 추측합니다. 이러한 타악기에는 캐스터네츠, 심벌즈, 꽹과리, 징 등이 있습니다. 건반을 눌러 음을 내는 건반악기는 대표적으로 피아노를 비롯해 오르간, 클라비코드, 아코디언 등이 있습니다. 현대에 와서 새롭게 개발된 악기도 많은데 대표적으로 전자 악기(신시사이저, 전자 드럼)가 있습니다.

02 설명하는 글 – ② 목적·대상에 따라 알맞은 틀 사용하여 쓰기
······ pp. 122~125

직접 써 보기

1 줄다리기 하는 법

2 차례로 서기, 앞사람과의 간격 좁히기, 전진하면 지고 후퇴하면 이기는 것, 운동회, 중앙 기준선, 단기전에는 힘이 세거나 무거운 사람이 앞에 섬, 장기전에는 힘이 세거나 무거운 사람을 맨 뒤에 배치해야 이길 수 있음

3 **글의 목적**: 줄다리기에서 이기는 법에 대한 설명
글을 읽는 사람: 운동회를 앞둔 반 친구들
설명하는 방식(틀): 열거형(줄다리기에서 이기는 방법을 하나하나 설명)

4 **줄다리기**: 여러 사람이 편을 가른 뒤, 굵은 밧줄을 마주 잡고 당겨서 승부를 겨루는 놀이
줄다리기 방법

1	차례로 서서 줄을 한 사람씩 번갈아 잡는다.
2	앞사람과의 간격을 최대한 좁혀서 줄을 잡는다.
3	초단기전으로 끝내야 할 경우에는 앞쪽에 힘이 세거나 몸무게가 무거운 사람이 선다.
4	장기전으로 갈 경우에는 맨 뒤에 힘이 세거나 몸무게가 무거운 사람이 서야 방어를 쉽게 할 수 있다.

난센스 퀴즈입니다. 전진하면 지고, 후퇴하면 이기는 것은 무엇일까요? 여러 가지 생각이 나겠지만 정답은 바로 '줄다리기'입니다. 줄다리기는 여러 사람이 편을 가른 뒤, 굵은 밧줄을 마주 잡고 당겨서 승부를 겨루는 놀이입니다. 줄다리기 중간에 기준선을 정해서 그 기준선이 자기 팀 쪽으로 오면 승리하는 게임입니다.

이번에 가을 운동회를 맞이해서 마지막 경기로 줄다리기 게임을 합니다. 이기든 지든 승패에 관계없이 즐거운 마음으로 해야 하지만 게임에서 이기면 더 즐겁다는 사실을 누구나 알고 있습니다. 그러므로 이 글에서는 줄다리기를 잘하는 방법에 대해서 설명하겠습니다.

먼저, 줄다리기를 할 때 줄을 어떻게 서야 하는지 알아보겠습니다. 줄다리기는 기준선을 중심으로 양쪽 편이 서로 마주 서서 줄을 잡습니다. 이때 차례차례 한 사람씩 줄을 번갈아 잡습니다. 앞사람과의 간격을 최대한 좁혀서 줄을 잡아야만 줄에 가해지는 힘을 강하게 만들 수 있습니다.

두 번째로 설명할 내용은 단기전으로 승부를 결정지을 때 줄을 서는 순서입니다. 경기 시간이 짧을 때는 줄 앞에 서는 사람이 중요합니다. 단기전에서는 줄의 앞에 힘이 세거나 몸무게가 무거운 사람을 우선적으로 배치해야 합니다. 심판의 "시작!"이란 소리와 함께 단번에 승부를 끝내고 싶을 때 쓸 수 있는 전략입니다.

하지만 장기전으로 갈수록 맨 뒤에 서는 사람이 버티는 힘이 중요합니다. 그러므로 줄다리기 전문가들이 하는 게임일수록 맨 뒤에 힘이 가장 세고, 몸무게도 무거운 사람이 섭니다. 맨 뒤에서 버텨 줘야만 앞사람이 줄을 더욱 힘껏 잡아당길 수 있기 때문입니다.

우리 반은 어떤 전략을 써야 할까요? 잘 의논해서 운동회에서 다른 반과 멋진 줄다리기 시합을 할 수 있도록 노력해 봅시다.

03 설명하는 글 – ③ 육하원칙에 맞춰 기사문 쓰기
······ pp. 126~129

연습하기

1

누가	한국 축구 국가대표팀
언제	2002년 6월 22일
어디서	광주 월드컵 경기장
무엇을	스페인과 월드컵 8강전을
어떻게	스페인을 누르고 아시아 최초로 월드컵 4강에 진출했다.
왜	승부차기에서 호아킨 산체스의 슛을 막고, 홍명보가 골을 넣으며 스페인을 물리쳤기 때문에

2

> 인도, <u>세계에서 가장 인구가 많은 나라</u>
>
> – <u>2023년</u>, 중국의 인구 추월 –
>
> 인도가 중국을 제치고 <u>세계에서 가장 인구가 많은 나라</u>에 등극했다. 이전까지는 중국의 인구수가 세계에서 가장 많았지만, 2022년 중국 정부가 <u>61년 만에 중국의 인구가 줄었다고</u> 공식 발표했다. 이로 인해 2023년부터 인도는 <u>세계에서 가장 인구가 많은 나라</u>에 이름을 올렸다.
>
> 미국 AP통신은 2023년 4월 말 인도 인구가 14억 2,577만 명을 넘어서면서 중국의 인구를 추월할 것으로 예상했다. 그리고 많은 매체에서 인도와 중국의 인구수가 정확하게 집계되기 어렵고, 중국 정부가 2022년 <u>중국의 인구가 줄었다고</u> 공식 발표했기 때문에 2023년부터는 인도가 중국의 인구수를 추월했다고 보는 것이 타당하다고 말한다.
>
> 인도는 인구의 절반 이상이 30세 미만으로 젊기 때문에 앞으로 건강한 노동력이 인도의 생산성을 높이고, 소비를 촉진시킬 것이다. 이러한 이유로 21세기 후반에는 인도가 중국을 누르고 더 높은 경제력을 가질 수 있을 것으로 많은 사람이 예상하고 있다.

직접 써 보기

1

누가	하마스(팔레스타인 세력)
언제	2023년 10월 7일(유대교 안식일)
어디서	이스라엘 서남쪽 국경
무엇을	로켓탄, 지상군
어떻게	발사, 침공
왜	2023년 알아크사 분쟁, 사우디와 이스라엘의 관계 회복 견제

2 이스라엘 유대인과 팔레인스타인 무슬림 간의 충돌(오랜 앙숙)

2023년 4월 유대인의 유월절 행사와 팔레스타인 라마단 기간이 겹치면서 두 집단이 여러 차례 충돌

3 2023년 이스라엘-하마스 전쟁 발발

2023년 10월 7일 유대교 안식일이 진행되고 있던 와중 이스라엘 서남쪽에 수백 발의 로켓탄이 떨어지고, 이스라엘 남쪽 국경으로 무장 군인이 침투하는 일이 발생했다. 침략한 집단은 팔레스타인 세력 하마스. 이로 인해 큰 피해를 입은 이스라엘은 하마스를 상대로 선전 포고하고, 팔레스타인 가자 지구로 병력을 투입하였다.

이스라엘과 팔레스타인은 종교 문제로 오랜 기간 충돌을 겪어 왔다. 유대인과 무슬림은 양쪽 다 유일신을 믿지만 종교 내 차이점 때문에 두 집단 사이에 극단적인 분쟁이 몇 천 년째 발생하고 있다. 이번 전쟁은 2023년 4월, 유대인의 유월절과 무슬림의 라마단 기간이 예루살렘에서 겹치면서 두 집단이 여러 차례 충돌하고, 서로 간에 감정이 격화된 것을 계기로 발생했다고 알려져 있다.

04 설명하는 글 – ④ 체험 학습 계획표 작성하기

······ pp. 130~133

연습하기

1 체험 학습을 미리 준비할 수 없다. 갑작스러운 일정에 당황할 수 있다.

2 준비물–도시락, 물, 간식(1개), 간편한 복장, 비닐봉지(쓰레기 수거용), 1인용 돗자리 등

3 ⊙입장료, 운영 시간, ⊙교통편, 이동 시간, 일정, 날씨, 주변 약도, ⊙꼭 보고 싶은 동물이나 식물, 식사 계획, 편의점, 화장실 위치, 이동 경로, ⊙하고 싶은 활동, ⊙꼭 알거나 보고 싶은 내용, 집에 돌아오는 시간, ⊙추천 경로, 관람 규칙, 안전을 위한 주의점

▶ **정답 지도 시 주의할 점** 어딘가에 가기 위해서 미리 알아보면 좋은 정보들이 많아요. 그중에서도 꼭 필요하다고 생각하는 정보는 무엇일까요? 이 문제에 답은 없어요. 자신이 꼭 필요하다고 생각하는 정보를 찾아 ○표 하도록 지도하시기 바랍니다.

4

장소 및 일시	서울대공원 관람, 5월 5일 어린이날 9:00~17:00
교통편(시간)	지하철을 타고 4호선 대공원역에서 내림(약 1시간 소요)
입장료	동물원–어린이 2,000원, 어른 5,000원
운영 시간	하절기(5~8월): 9~19시
하고 싶은 활동	스카이 리프트를 타고 동물원 정상까지 이동(경치 감상) 어린이 동물원에 가서 동물 먹이 주기 직접 체험하기
꼭 알거나 보고 싶은 내용	호랑이 길을 걸으며 얼룩말, 고릴라, 오랑우탄, 사자, 호랑이를 마음껏 관람하고 싶다.
추천 경로	1. 종합 안내소 → 2. 스카이 리프트 탑승 → 3. 동물원 정상 스카이 리프트 도착지 → 4. 맹수사 → 5. 남미관 → 6. 열대조류관 → 7. 대동물관 → 8. 온실식물원 → 9. 유인원관 → 10. 제1아프리카관 → 11. 동물원 정문

5
- 계획을 세우면 목적과 내용, 일정을 정리하여 현장 학습이나 소풍을 체계적으로 운영할 수 있습니다.
- 준비물을 빠트리지 않고 챙길 수 있습니다.
- 일정을 지켜 소풍을 즐길 수 있습니다.
- 시간 낭비를 줄일 수 있습니다.

직접 써 보기

1 국립 과천 과학관

2 과학에 대한 흥미를 느끼고, 여러 가지 과학적 체험을 하고 싶다.

3 일정, 교통편, 관람 시간 및 요금, 국립 과천 과학관에서 꼭 보거나 체험할 것, 추천 코스, 주요 전시관 전시물 조사

4 ▶ 국립 과천 과학관 약도를 간단히 그림으로 나타낼 수 있습니다.

5 국립 과천 과학관 나들이

일시	20○○년 5월 ○○일(일) 10:00~17:30
교통편	지하철 이용—4호선 대공원역 6번 출구 바로 앞, 4호선 경마공원역 5번 출구(도보 약 10분 소요)
관람 시간 및 요금	오전 9:30~오후 5:30 상설 전시: 2,000원, 천체 투영관: 2,000원, 야간 천체 관측: 10,000원
꼭 보거나 체험할 것	천체 투영관 관람, 1m 반사 망원경 체험, 야간 천체 관측, 지진 체험 로보큐 타기, 초대형 항공기 보기, 장수풍뎅이 체험
과학 탐구관 전시물 조사	생활 과학 원리 체험(아치다리, 회전의 고수), 빛(테슬라 코일, 빛은 렌즈를 만나면 어떻게 될까?), 공기(토네이도는 어떻게 발생할까?, 공기의 힘 이용), 물(물의 순환, 식물이 물을 마시는 법), 땅(입자 운동과 산사태, 지진 체험 로보큐)

05 설득하는 글 - ① 적절한 근거 적기 ······pp. 134~137

연습하기

1 비속어나 욕설, 처음

2

[은어를 사용하는 이유]
1. 인터넷 사용의 증가
2. 또래 집단의 영향
3. 스트레스 해소

[은어의 바른 사용]
- 은어의 뜻을 알고 적절한 상황에서만 은어를 사용한다.
- 장기적으로 은어가 감정에 부정적인 영향을 끼치므로 점차 은어 사용을 줄여 나간다.

[가정과 학교의 대처]
- 은어 사용을 무조건 금지하지 않는다.
- 자신의 감정을 표현하는 방법을 교육한다.
- 아이가 은어를 이해하고 사용할 수 있도록 긍정적인 교육이 필요하다.

3

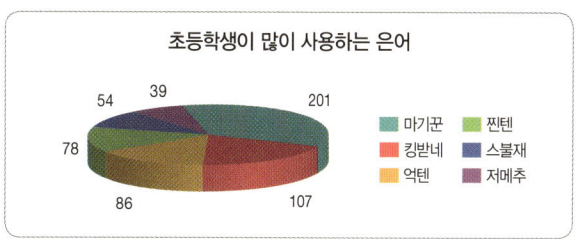

초등학생이 많이 사용하는 은어

마기꾼 201, 킹받네 107, 억텐 86, 스불재 78, 찐텐 54, 저메추 39

직접 써 보기

1 ❶ 법을 어기는 행동을 했지만 소년보호사건으로 심리하는 10세 이상 14세 미만 아이를 일명 '촉법소년'이라고 한다. 소년보호사건은 심리해도 결국은 아무런 '처벌'을 받지 않기 때문에 법을 악용해 못된 짓을 저지르는 청소년이 점점 증가하고 있다. 특히 용인 아파트 벽돌 투척 사망 사건이나 2018년 기흥역 폭발물 허위 신고 사건, 대전 중학생 렌터카 절도 운행 추돌 사고 등 죄질이 불량한 흉악한 범죄가 촉법소년에 의해서 벌어지고 있는 현실이다. 죄를 저지른 청소년에게 그에 대한 책임을 물어야만 사회의 정의가 바로 설 것이다.

❷ 인공 지능이란 인간의 지능이 가지는 학습, 추리, 적응, 논증 따위의 기능을 갖춘 컴퓨터 시스템을 말한다. 인공 지능은 체스, 바둑, 포커에서 인간을 뛰어넘을 정도의 완성도를 이미 갖췄다. 현재는 대화형 AI가 출시되었고, 이것으로 인간과 여러 분야에서 전문적인 대화를 하는 것도 가능하다. 앞으로 인공 지능을 제대로 활용할 수 있다면 우리는

필요한 정보를 더욱 쉽고 빠르게 찾을 수 있을 것이다. 또, 인공 지능은 암 진단이나 치료 계획 수립에 큰 도움을 줄 수 있으므로, 인간의 수명을 연장시키는 핵심 역할을 담당하게 될 것이다. 미래에 이러한 인공 지능을 더욱 활발히 이용하여 모든 사람에게 더 큰 도움을 줄 수 있도록 하자.

06 설득하는 글 – ② 짜임에 맞는 글쓰기 ······ pp. 138~143

직접 써 보기

1 바다 환경을 지키자.
플라스틱 쓰레기, 기름 유출 사고, 플라스틱 섬, 생태계 파괴, 쓰레기를 먹은 고래, 해양 생물 멸종, 온난화, 적조 현상, 쓰레기 줄이기, 생물 다양성 감소

2

서론	태안 기름 유출 사고 발생
	사건의 해결, 이후 해양 환경에 대한 인식 변화

2007년 12월 7일 태안 만리포 해수욕장 근처에서 두 대의 배가 충돌했다. 한 대는 원유선으로 그 안에 가득 들어 있던 석유가 바다에 끊임없이 유출되었다. 이 사건으로 아름다운 바닷가 만리포와 태안군 전체가 기름으로 뒤덮여 새까맣게 변했다. 그리고 양식장에 있는 물고기와 갯벌에 있는 어패류 전부가 떼죽음을 당하고, 바다에는 기름띠가 길게 형성되었다. 이 문제는 어떻게 해결되었을까? 어마어마한 수의 자원 봉사자가 바다를 깨끗하게 하려는 노력을 했고, 조금씩 바다 생태계는 원래대로 돌아왔다. 그러나 그 이후 우리는 바다에 관심을 가진 적이 있을까? 실제로 바다에 가서 쓰레기를 줍고 오는 사람이 지금은 얼마나 될까?

3

본론	우리의 적극적인 해양 생태계 보호에 대한 인식이 중요하다.
	1. 플라스틱을 함부로 사용하지 않는다.
	2. 마스크 끈을 잘라서 버린다.
	3. 샴푸나 린스, 주방 세제 등을 낭비하지 않고 사용한다.

직접 바다까지 가서 환경을 보호하는 일은 일반 사람에게는 쉽지 않은 일이다. 하지만 해양 환경을 위해서 육지에 있는 우리가 할 수 있는 일이 많이 있다. 해양 오염물의 대부분이 육지에서 배출되는 쓰레기이기 때문이다. 육지에 있는 사람들이 쓰레기를 조금만 줄인다면 바다의 신음을 멈출 수 있다는 것이다. 그렇다면 구체적으로 우리가 해양 오염을 막기 위해 할 수 있는 일에는 무엇이 있을까?

첫째, 플라스틱을 함부로 사용하지 않고, 사용하더라도 분리수거를 철저히 해서 버린다. 플라스틱은 해양 쓰레기의 절반을 차지할 정도로 많다. 바다에 플라스틱 쓰레기 섬까지 만들어졌을 정도이니 그 피해가 얼마나 심각한지 알 수 있다. 현재 배달 음식을 시키면 오는 용기도 대부분 플라스틱이다. 이러한 플라스틱의 사용을 줄이고, 분리 배출을 잘하는 것만으로도 해양 생태계 파괴를 줄일 수 있다.

둘째, 마스크의 끈을 자르고, 잘 묶어서 버린다. 코로나 발병으로 많은 사람이 마스크를 꼈지만 그것을 버린 후의 결과에 대해서는 생각한 적이 없었다. 마스크가 버려져서 바다로 갔을 때 그 끈은 해양 생물에게 죽음의 덫이 되고 있다. 마스크를 쓰고 버릴 때 반드시 끈을 자르고, 마스크를 돌돌 말아 잘 묶어서 버리는 것만으로도 해양 생물 보호에 도움을 줄 수 있다.

셋째, 샴푸나 린스, 주방 세제 등을 낭비하지 말고 적정량만 사용하도록 한다. 합성 세제의 사용은 물 생태계에 끔찍한 영향을 끼친다. 그러므로 적정량만을 사용하고, 부족한 것은 비누로 대체하는 것이 조금이나마 해양 생태계 보호를 위해 내가 할 수 있는 일일 것이다.

4

결론	모든 사람이 해양 생태계를 보호하기는 힘들지만 스스로 생태계를 지키려는 노력은 그다지 어렵지 않다.
	하루에 한 번이라도 해양 생태계 보호를 위해 애쓴다면 현재보다 조금 더 나은 환경에서 살 수 있을 것이다.

바쁜 삶 속에서 해양 생태계 보호를 위해 애쓴다는 것이 쉬운 일은 아니다. 모든 사람이 함께 해양 생태계 보호를 위해 노력하는 것은 어렵겠지만 혼

자서도 할 수 있는 작은 일들을 하나씩 하는 것은 어렵지 않다. 플라스틱 쓰레기 줄이기, 마스크 끈 자르고 묶어서 버리기, 합성 세제 사용 줄이기. 이 세 가지만이라도 지켜서 생활한다면 해양 생태계가 어느 정도 숨 쉴 수 있는 공간이 되지 않을까? 한 사람이 하루에 한 번이라도 생태계 보호를 위해 생각하고 노력한다면 현재보다 조금 더 나은 환경에서 살 수 있을 것이다.

07 설득하는 글 – ③ 찬성이나 반대하는 의견 제시하기

······pp. 144~147

직접 써 보기

1 학교 폭력에 대한 처벌을 강화하자는 의견에 찬성한다.

2 2022년 익산 초등학생 학교 폭력 사건, 대구 중학생 학교 폭력 생중계 사건, 가해자가 피해자를 맞고소하는 사건, 정치권에서는 학교 폭력 가해 사실의 기록 보존 기간을 취업할 때까지로 늘리는 방안을 검토하고 있음, 학교 폭력을 주제로 많은 드라마가 만들어짐

3 학교 폭력에 대한 처벌을 강화하자는 의견에 반대한다. 학교 폭력 대처 방안이 필요한 이유는 학생의 인권을 보호하고, 학생을 건전한 사회 구성원으로 육성하는 것이다. 가해 학생에 대한 처벌만이 답은 아니다. 그들을 제대로 된 방향으로 인도하는 데 목적이 있으므로 처벌 강화는 학교 폭력 예방 및 대책에 관한 법률에서 다루는 본래 법의 취지에 맞지 않다. 그러므로 학교 폭력에 대한 처벌을 강화하기 이전에 학교 폭력이 일어나지 않도록 학생들을 교육하는 데 뜻을 모아야 하겠다.

4 가해자가 피해자를 학교 졸업 이후에도 괴롭히는 사례가 많다는 사실, 피해자는 성인이 되어서까지 학교 폭력으로 인한 고통이 남는다는 사실, 여러 나라에서 학교 폭력 예방이 단순히 학교 교육만으로 될 수 있는 것이 아니라는 인식이 점차 강해지고 있음

5

2022년 전라북도 익산시의 초등학교에서 일어난 학교 폭력의 가해자 박 모 군 – 학교 폭력에 대한 처벌을 받은 이후 '익산○○○'라는 유튜브 채널을 만들어 자기의 행동을 정당화하는 영상을 올림 – ○○초등학교 학생과 교사들에게 보복하겠다는 영상을 올림
2023년 대구 중학생 학교 폭력 생중계 사건 – 피해자가 PC방에서 상의 탈의하고 춤 추는 장면을 영상으로 촬영 – 모텔에서 A 군을 성추행하는 모습을 생중계 – 경찰에서 조사할 때 가해자는 강압이나 협박은 없었다며 반성하는 기색이 전혀 없음
학교 폭력 피해 학생이 성인이 되어서까지 후유증과 트라우마가 남는다는 연구 결과. 또, 학교 폭력으로 인해 정신적으로 어려움을 겪다가 발생하는 여러 사건
'이상한 변호사 우영우', '더 글로리', '청담국제고등학교', '7인의 탈출' 등 다양한 드라마에서 나오는 학교 폭력 가해자들의 행동. 드라마에서는 피해자가 복수에 성공하지만 현실의 세계에서는 가해자는 잘 살고, 피해자는 더욱 구렁텅이에 빠짐

6.

A 씨 사건 – 최근 방송에서 학교 폭력 피해 사실을 공개, 오히려 A 씨가 극단적 선택을 시도함 – 학교 폭력 피해자에게 여러 사람이 비판과 조롱을 함. 또, 가해자는 오히려 '신상이 공개된 영상을 삭제하고 사과글을 게재하라'고 말함
B 씨 아들의 반성문 – B 씨의 아들에게 학폭을 당한 피해자는 불안·우울로 정신과 치료를 받음 – 하지만 B 씨 아들은 성의 없는 반성문을 제출하고, 반성문 한 장만 제출하고, 그대로 전학을 감

7단원 여러 가지 글 익히기

01 브레인스토밍 ·············· pp. 150~151

연습하기

1

이미 알고 있는 내용	대왕, 한강 북쪽, 광개토 대왕릉비, 고구려의 전성기, 장수왕, 담덕
쓰고 싶은 내용	광개토 대왕의 업적, 대왕이란 이름이 붙은 이유, 광개토 대왕이 위대한 이유

2-3

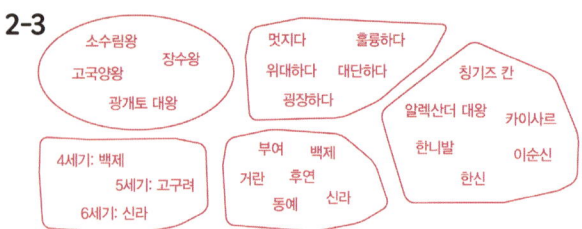

02 마인드맵 ·············· pp. 152~153

연습하기

1 1945년 독립, 1919년 3월 1일, 천안 아우내 장터, 서대문 형무소, 고문, 목숨을 잃음, 독립, 열망, 일제

2

유관순(1919년 4월 1일 천안 아우내 장날에 만세 시위를 주도적으로 함)	⇨	유관순의 부모가 만세 시위 탄압으로 돌아가심, 유관순은 주모자로 체포
⇨ 서대문 형무소 감옥에 갇혀서도 대한 독립 만세를 외침	⇨	일제의 모진 고문으로 감옥에서 목숨을 잃음

만세 시위를 한 까닭: 독립에 대한 열망, 일제가 우리나라를 빼앗은 사실을 여러 나라에 알리기 위해서

3 1919년 3월 1일, 민족 대표 33인이 독립 선언서를 낭독했다. 온 민족의 처절한 저항 운동인 3·1 운동의 시작이었다. 3·1 운동에 참여했다가 휴교령으로 고향 천안으로 귀향했던 유관순은 4월 1일 천안 아우내 장날에 이루어진 만세 시위에 주도적으로 참여했다. 유관순의 부모는 일제의 만세 시위 탄압으로 돌아가셨고, 유관순은 주모자로 체포되어 서대문 형무소에 갇혔다. 유관순은 일제의 악랄한 탄압에도 굴하지 않고, 감옥에서도 대한 독립 만세를 외쳤다. 하지만 그녀의 열망은 일제의 모진 고문으로 빛을 보지 못했다. 17세의 어린 여학생이 감옥에서 숨진 것이다. 일제가 우리나라를 빼앗았다는 사실을 여러 나라에 고발하기 위한 유관순의 열망은 1945년 대한 독립으로 실현되었지만 그녀의 찬란한 미래는 그 누구도 다시 돌려줄 수 없었다.

03 개요 짜기 ·············· pp. 154~155

연습하기

1

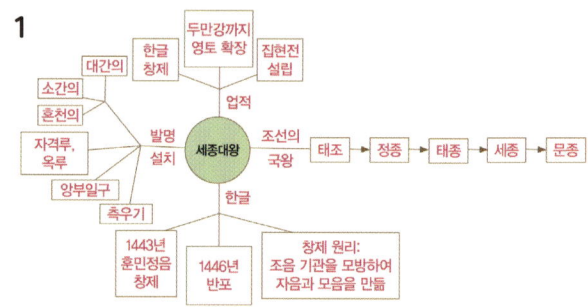

2

처음	조선의 4대 왕 세종대왕

세종대왕은 이순신 장군과 더불어 우리 역사에서 가장 존경받는 위인 중 한 사람이다. 세종대왕은 태조, 정종, 태종을 거쳐 왕위에 오른 조선의 4대 왕으로 조선 초기의 사람이다.

가운데	세종대왕의 업적 여러 가지 기구 개발, 설치 두만강까지 영토 확장 집현전 설립 한글 창제

세종대왕의 업적은 이루 말할 수 없이 많다. 장영실과 같은 번뜩이는 사람을 뽑아 대간의, 소간의, 혼천의를 개발하고, 자격루와 옥루 등을 설치하였다. 또, 앙부일구나 측우기의 개발을 통해 농민들이 농사를 편하게 지을 수 있도록 도왔다. 우리나라의 영토를 두만강까지 확장하였고, 집현전을 설치하여 신하들이 연구할 수 있는 좋은 환경을 만들었다. 특히 세종대왕은 세계에서 가장 훌륭한 글자인 한글도 창제하였다.

끝	위대한 왕

이 외에도 세종대왕은 셀 수 없이 많은 업적을 남겼다. 세종은 정치, 경제, 사회 등 모든 분야에서 조선을 발전시킨 그야말로 '대왕'이었다.

04 글머리 쓰기 ············· pp. 156~157

연습하기

1 "오등은 자에 아 조선의 독립국임과 조선인의 자주민임을 선언하노라."
  1919년 3월 1일, 조선의 독립을 세계 만방에 알리기 위해 민족 대표 33인의 공동 명의로 독립 선언서가 경건하게 울려 퍼졌다. 조그마하지만 크게 울린 독립 선언서 낭독을 시작으로 만세 시위는 전국으로 퍼져 나갔다. 온 민족의 처절한 저항 운동인 3·1 운동이 시작된 것이다.

2 풀잎에 이슬이 묻는 조용한 새벽, 한 사람의 목소리가 낭랑하게 들려 왔다. 지치지도 않는지 즐거운 듯한 목소리였다. 스르륵, 스르륵 책장 넘기는 소리 또한 한동안 경쾌하게 반복되었다. 바로 조선의 현군 세종대왕이 책을 읽는 소리였다. 이렇게 독서광이었던 세종대왕은 이순신 장군과 더불어 우리 역사에서 가장 존경받는 위인 중 한 사람이다.

05 독서 감상문 쓰기 ············· pp. 158~163

직접 써 보기

1 뚱뚱하다, 다이어트, 피자, 마르다, 지방, 똥배, 샤워, 둥근 배, 엄마, 잔소리, 이모, 징그럽다

2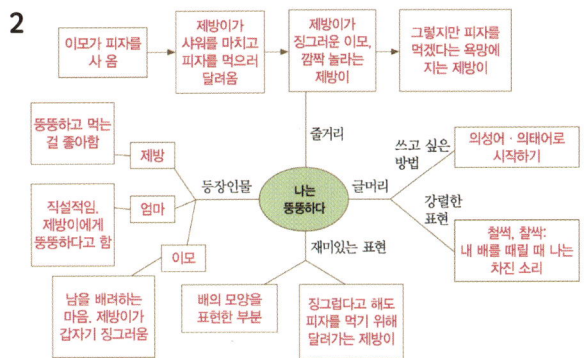

3

줄거리	이모가 사 온 피자를 먹으러 나온 제방이. 하지만 이모는 제방이가 징그럽다고 느끼고, 그 마음을 알아차린 제방이는 충격을 받는다. 하지만 제방이는 욕망을 이기지 못하고 피자를 먹으러 뛰쳐나간다.
생각이나 느낌	살을 빼려 많은 사람이 노력하지만 먹는 것을 참기는 힘들다. 나도 뚱뚱해지면 징그러워 보일까?
인상 깊은 표현	배의 모양을 재미있게 표현한 부분(배가 흔들린다, 꾸물꾸물, 아주 느리게 꿈틀댄다), 자기가 귀엽다고 생각하는 제방이, 징그럽다고 해도 피자를 먹기 위해 달려 나가는 제방이
글의 내용과 관련된 자신의 경험	나도 요새 살이 많이 쪄서 걱정이다. 하지만 야식을 참는 것이 어렵다. 어떻게 하면 살도 안 찌고, 맛있는 음식도 많이 먹을 수 있을까?

4 철썩, 철썩! 찰싹, 찰싹! 나도 통통하게 살찐 내 배를 샤워할 때마다 때린다. 많이 때리면 살이 빠진다고 하던데 전혀 그럴 기미가 보이지 않는다. 화장실에서 자신의 배를 보고 귀엽다고 생각하는 제방이. 어쩌면 〈나는 뚱뚱하다〉에 나오는 제방이는 우리 모두일지도 모른다.

5 배가 흔들린다. 꾸물꾸물, 아주 느리게 꿈틀댄다. 내 배인가? 그렇게 착각할 정도로 보기 싫은 내 배와 똑같이 닮은 제방이의 배. 그럼에도 제방이는 아직도 자기가 귀엽다고 생각한다. 이모가 징그럽다고 해도 한순간일 뿐. 피자 냄새에 배고픔을 못 이기고 팬티만 입고 방을 뛰쳐나간다.
  나도 피자, 떡볶이, 치킨, 짜장면, 탕수육, 만두, 케이크, 빵 등등 먹고 싶은 음식이 한가득이다. 마구마구 먹고 싶다는 생각이 들 때가 있는 건 '나쁜

일까?'라고 생각했는데 이 글에 나오는 제방이도 나와 같은 사람이었다. 먹는 것을 어떻게 참아? 살을 빼기 위해 많은 사람이 노력하지만 먹는 것을 참을 수 있는 사람은 드물다. 계속해서 먹기만 하면 나도 분명히 살이 찌겠지? 제방이처럼 뚱뚱해지면 징그러울까? 요새 살이 쪄서 걱정인데 야식을 참기가 어렵다. 어떻게 하면 살도 안 찌고, 맛있는 음식을 원하는 만큼 많이 먹을 수 있을까?

어쨌든 이런 고민을 같이 나눌 수 있는 제방이에게 고마움을 느낀다. 오늘은 피자 말고, 건강에 좋은 따뜻한 밥에 미역국, 김치, 토마토 볶음을 먹어야겠다. 그러고 나서 몸이 괜찮아지면 그때는 밀가루, 튀김, 인스턴트도 조금씩 즐겨야겠다. 뭔가 몸이 건강해질 거라는 상상이 내 마음을 즐겁게 만든다.

▶ **정답 지도 시 주의할 점** 독자가 이 글을 읽고 〈나는 뚱뚱하다〉가 무슨 내용인지 알 수 있을지 생각해 보게 해 주세요. 또, 이 글을 읽고 〈나는 뚱뚱하다〉를 읽고 싶은 마음이 들지, 그런 마음이 들지 않는다면 어떤 부분을 수정해야 할지 아이에게 질문해 보세요.

06 교과서 글쓰기 - ① 선대칭도형과 점대칭도형(수학)

······ pp. 164~167

연습하기

1

선대칭도형	㉠, ㉢, ㉣	반으로 접으면 겹칩니다. 접는 선을 기준으로 양쪽의 모양이 같습니다.
점대칭도형	㉡, ㉤, ㉥	일정한 각도만큼 돌리면 원래의 모양과 겹칩니다.

2 ❶ ㉠ 선대칭도형은 대칭축과 대응점의 관계를 활용하여 그릴 수 있습니다. 대칭축 ㄹㅁ에 점 ㄴ의 수선*을 잇고, 같은 거리에 있는 대응점 ㅂ을 찍어 줍니다. 이 대응점 ㅂ과 점 ㄱ, ㄷ을 쭉 이어 주면 대칭축 ㄹㅁ으로 접었을 때 완전히 겹치는 선대칭도형 사각형 ㄱㄴㄷㅂ을 완성할 수 있습니다.
❷ ㉡ 점대칭도형은 대칭의 중심과 대응점의 관계를 활용하여 그릴 수 있습니다. 점 ㄱ에서 대칭의 중심에 있는 점 ㅁ을 선으로 잇습니다. 이때 만들어진 선분 ㄱㅁ과 같은 거리에 있는 대응점 ㅅ을 찾아 점을 찍어 줍니다. 앞과 같은 방법으로 점 ㄴ의 대응점 ㅂ을 표시합니다. 점 ㄷ의 대응점은 점 ㄹ입니다. 점 ㄷ과 점 ㅅ, 점 ㅅ과 점 ㅂ, 점 ㅂ과 점 ㄹ을 이어 주면 점대칭도형 사각형 ㄱㄴㅅㅂ을 완성할 수 있습니다.

직접 써 보기

1

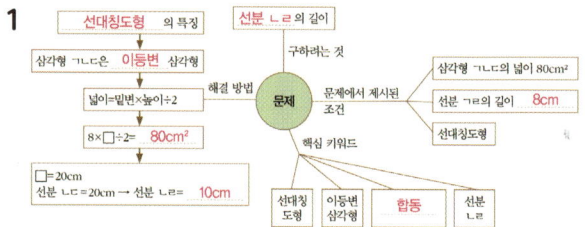

2 문제에서 구하려는 것은 선분 ㄴㄹ의 길이입니다. 문제에 제시된 조건은 삼각형 ㄱㄴㄷ은 선대칭도형, 그 넓이는 80㎠이고, 선분 ㄱㄹ의 길이가 8cm란 것입니다. 이 문제를 풀기 위해서는 삼각형 ㄱㄴㄷ이 선대칭도형이란 것에 집중해야 합니다. 선대칭도형의 특징에 따라 삼각형 ㄱㄴㄹ과 삼각형 ㄱㄷㄹ은 합동이므로 삼각형 ㄱㄴㄷ은 이등변삼각형이라고 할 수 있습니다. 삼각형 ㄱㄴㄷ의 넓이 80㎠는 8×□÷2란 식으로 구할 수 있습니다. □는 선분 ㄴㄷ의 길이이므로, 선분 ㄴㄹ의 길이는 선분 ㄴㄷ의 반인 10㎝라는 것을 알 수 있습니다.

3

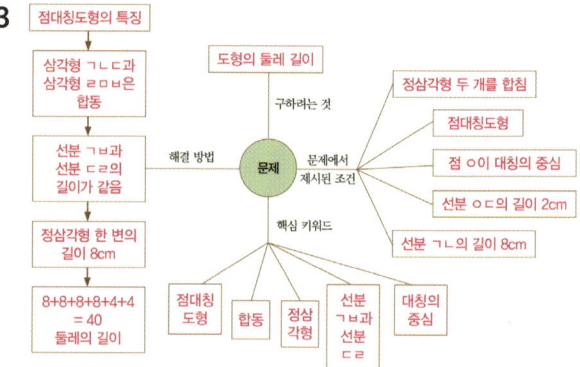

4 문제에서 구하려는 것은 도형 ㄱㄴㄷㄹㅁㅂ 둘레의 길이입니다. 문제에 제시된 조건은 이 도형이 정삼각형 두 개로 이루어졌다는 것과 점대칭도형이란 사실입니다. 이 도형은 점대칭도형이기 때문에 삼각형 ㄱㄴㄷ과 삼각형 ㄹㅁㅂ이 정삼각형이고, 서로 합

동이라는 사실을 알 수 있습니다. 점대칭도형에서 대응점을 이은 선은 대칭의 중심을 기준으로 이등분됩니다. 그러므로 선분 ㅇㅂ과 선분 ㅇㄷ의 길이가 같습니다. 또, 선분 ㅂㄱ과 선분 ㄷㄹ의 길이가 같다는 것을 알 수 있습니다. 정삼각형 한 변의 길이가 8cm, 그리고 선분 ㅂㄱ, 선분 ㄷㄹ 각각의 길이가 4cm라는 사실을 활용하면 도형 ㄱㄴㄷㄹㅁㅂ 둘레는 40cm입니다.

07 교과서 글쓰기 – ② 날씨와 생활(과학)

...... pp. 168~169

연습하기

▶ **정답 지도 시 주의할 점** '날씨와 생활'에는 새로운 용어가 많이 나옵니다. '습도, 이슬, 안개, 구름, 기압, 고기압, 저기압, 기압차, 바람, 계절별 날씨' 등의 단어가 바로 그것입니다. 이러한 용어를 꼭 사전에서 정의하는 뜻으로만 이해해야 할까요? 그건 아니겠죠. 우리는 생활에서 수많은 어휘를 만나요. 이러한 어휘를 스스로가 쉽게 이해할 수 있는 표현으로 이해한다면 그것보다 더 좋은 어휘 이해는 없을 거예요. 여기서는 과학 '날씨와 생활'에서 나오는 다양한 어휘를 스스로가 쓴 문장으로 이해할 수 있는 글을 쓰는 것을 연습할 수 있게 해 주세요.

1

응결	한데 엉기어 뭉침. 포화 증기의 온도 저하 또는 압축에 의하여 증기의 일부가 액체로 변하는 현상
이슬	공기 중의 수증기가 기온이 내려가거나 찬 물체에 부딪힐 때 엉겨서 생기는 물방울
안개	지표면 가까이에 아주 작은 물방울이 부옇게 떠 있는 현상

▶ **정답 지도 시 주의할 점** 용어에 대한 개념을 완전히 이해하고 있으면 이러한 글을 쉽게 쓸 수 있다는 것을 아이에게 알려 주세요.

2

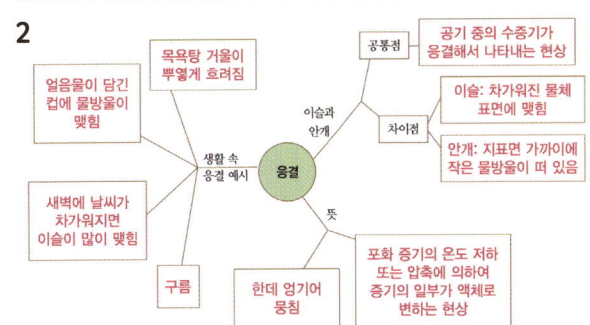

응결이란 한데 엉기어 뭉친다는 뜻을 가지고 있습니다. 이처럼 온도가 낮아지면 공기 중의 수증기가 뭉쳐서 액체로 변하는 현상을 응결이라고 합니다. 응결의 생활 속 예시는 목욕탕 거울이 뿌옇게 흐려지거나 얼음물이 담긴 컵 바깥쪽에 물방울이 맺히는 것 등이 있습니다. 쉽게는 이슬과 안개가 응결의 예라고 할 수 있습니다. 이슬과 안개는 모두 공기 중의 수증기가 응결해서 나타나는 현상입니다. 하지만 이슬이 차가워진 물체 표면에 맺히는 것이라면 안개는 지표면 가까이에 작은 물방울이 떠 있다는 차이점이 있습니다.

memo